享受 | 生命的神奇
和美好

生本教育的思考与实践

陈 武 著

·广州·

图书在版编目（CIP）数据

享受生命的神奇和美好：生本教育的思考与实践/陈武著. —广州：华南理工大学出版社，2018.12
ISBN 978-7-5623-4161-1

Ⅰ.①享… Ⅱ.①陈… Ⅲ.①随笔–作品集–中国–当代 Ⅳ.①I267.1

中国版本图书馆 CIP 数据核字（2018）第 271925 号

Xiangshou Shengming de Shenqi he Meihao；Shengben Jiaoyu de Sikao yu Shijian
享受生命的神奇和美好：生本教育的思考与实践
陈武　著

出 版 人：	卢家明
出版发行：	华南理工大学出版社
	（广州五山华南理工大学17号楼，邮编510640）
	http://www.scutpress.com.cn　　E-mail：scutc13@scut.edu.cn
	营销部电话：020-87113487　87111048（传真）
责任编辑：	毛润政
印 刷 者：	佛山市浩文彩色印刷有限公司
开　　本：	787mm×960mm　1/16　印张：15　字数：246千
版　　次：	2018年12月第1版　2018年12月第1次印刷
定　　价：	45.00元

版权所有　盗版必究　印装差错　负责调换

序

把教育当成生命的神奇享受

陈武校长的大作《享受生命的神奇和美好——生本教育的思考与实践》要出版了,她邀请我为之作序,我乐于从命。

陈武校长的文章有多个小标题,阐述了她怎么成长、怎么遇见、怎么修炼、怎么实践、怎么坚持的过程,每个小标题都有深意。文章得失不由天,这些文章,是陈校长在近20年的教育管理生涯中投入研究生本教育(注:文中也称"生本")、磨砺实践的思想成果。这个思想集中到一点,就是享受生命的神奇与美好。

文章显现出陈武校长有着非常强的事业心,她进入生本教育行业,并把它当成一项应该感恩的事业,持敬畏、敬爱之心,因为她从培育孩子的事业中发现了孩子,读懂了孩子,这是她特别有"孩子缘"、成为生本教育行家里手的关键,也是她在平常的事业中总能合理应对的原因。比如说,秋游在陈武校长的学校中,是学生和家长都醉心的活动,因为校长和老师们把它看成是一个发挥学生潜能、进行自我教育的机会,孩子们在这样的活动中学习,当自己生活的主人。

所有各科的教学,都变成孩子们的活动。例如,孩子们的语文是文学社的天地,他们写文章、写剧本、读书、写书。家长们说,这才是真正的语文。家长们也为孩子们能享受这样的良好教育而由衷地感激。一个进行了这样的教育管理实践的校长,当然会在自己写的教育历程里,处处流露出激情,带给读者深邃的启迪。

孩子们在这些活动中,忘掉了考试,尽情享受读书、思考、表达的快乐,学科的目的恰好就是要提高学科素养水平,增强美的感受和提高他们的价值判断能力。在陈武校长的学校里,孩子们充分享受到了这一切,当他们迎接考试的时候就会游刃有余。

陈武校长历经昌乐小学、骏景小学和龙口西小学,无论她在哪一所学校,那里的孩子们总是快乐无边、成绩粲然。2016年广州市中考,陈武当校长的骏景小学,毕业生竟占当年中考前二十名的五分之一,其中包括一名中考总分"状元"。这个班同样优秀的出国学习的另一位孩子,想把她在美国和英国学习高中的体验和生本教育来做一个对比,为此她利用假期,深入国内学校进行教学实践。她在国外读高中期间,兼学了戏剧,也在研究戏剧和教育的关系。对于孩子们来说,什么叫作壮志凌云,这就是壮志凌云!

近20年来,如同多位从事生本教育的校长一样,陈武校长所在的学校,总是发展为名校,这基于深信生本教育关于人有学习的天性、潜能和本能的思考,践行着"一切为了学生、高度尊重学生、全面依靠学生"。这几乎成为我们思想的默契:生本教育必须改革教学的内容和框架,而不是只教学形式的改变。也就是说,把国家课程的教师课程形态转变为学生课程。这就在根本上把握了生本教育为学生好学而设计的基本策略。

"爱听穿林打叶声,何妨吟啸且徐行"。借作序之机,祝陈武校长乘风破浪,扬帆远飏。

郭思乐

2018年11月15日

序 2

教育之心中的生活和生命

一

这本书是陈武老师作为一名教育管理者近20年来的心得、体会、感悟、经验、思考的汇集,但同时,书中的诸多内容有非常突出和集中的主题,并且会让人们去普遍思考。在书的引言部分,陈武老师已经提出了她所有的教育思考的核心点在什么地方,我以为,这样的核心点在书中凝聚为一颗晶莹的教育之心。

虽然这本书的内容是对多少年来的教育经验和体会的汇集,但主题却是对教育精神、教育情怀、教育理想的表达。我们当然知道,教育的具体实施在于课堂和课程,但是实施教育的核心、教育实施者的更高层次,在于教育之心。如果没有一颗教育之心,就不可能进行有品质的教育,就不可能对课堂和课程的目标进行有效实施。同样,没有一颗教育之心,就不可能有这本书中的体会和感悟。

在这本书中,陈武老师把她所经历的最重要、最感动、最难忘和最有启示的事情都记载了下来,并且表达了自己的感怀和思悟,这意味着,这本书完全来自陈武老师真挚的教育之心。因此,这本书能清水出芙蓉,有来自真实生活的清新自然、流畅自如,有具体而细致生动的描述,也有间或的灵动行止,很少有说教和刻板的感受,透迤其间的思考并不枯干生涩,人们在轻松阅读的体验中,却能够获得启示和感悟。

陈武老师在这本书中所做的事,是对学生、对社会、对生活、对生命有益的事情,能略尽微薄之力为这本书写序,是让我非常高兴的事情。因为,我不仅是在帮陈武老师做这样一件有意义的事情,也是在帮中国教育和中国生活做这样一件有意义的事情。

在我和陈武老师交流这本书的主题与内容的时候,我学习到了不少东西,同时,陈武老师对教育理想的真诚追求让我印象深刻。在成书的过程中,陈武老师付出了巨大努力,每逢节假日,当别人都在享受假期的欢乐时,她却在一字一句地修改这本书,这样一种执着的精神,让我深为感动。在我对这本书提出建议的时候,她总是非常认真热切、谦和求实地倾听,让我更深切地感受到她对教育的一片赤子之心,感受到她殷殷的教育情怀,这让我深受启示。

最重要的是,陈武老师这样努力想让人们得到什么——这本书想要给予人们一种教育的美好,感受到一种教育精神和教育理想,这是她作为教师在教育过程中所感受到的种种细致入微的体会、启示和思考的凝聚点。我和陈武老师从这个过程中共同得到的,就是这本书中所灌注进去的教育精神。

在陈武老师这本书的写作接近尾声的时候,我刚好受邀去广东省的生存水源地之一万绿湖进行采风写作,在那里,我有了一种对于生命和生活的深刻感受。回到广州恰好又与她会面,她的这本书让我联想到她的教育情怀和思考就像万绿湖的净水一样静静地沉淀在深处。教育本身就像一方湖水,把一切杂质都沉淀在湖底,而把一切最美好的东西都在深水之中净化,又让它不断地升上水面,变成天空和大地所需要的雨水和露水。

虽然这本书中所记载的事情都是非常细微的,但是一点一滴地汇集起来,就变成了江河湖海,变成了能够映照光明、映照心灵、映照人们生活的澄明清澈的沧浪之水。

二

我们今天究竟为了什么而进行教育?这对于受教育的学生和学生家长来说是非常重要的,对于每一个暂时在教育生活领域之外的人来说也是非常重要的。而身处于教育生活之中和教育第一线的教育工作者,对此则肩负重任,必需时时刻刻有与众不同的思考和实践,以面对纷纭变幻的中国

序2 教育之心中的生活和生命

时下教育现实去发展教育。陈武老师显然就是这样一位披坚执锐、冲锋陷阵的思考者和实践者,这本书汇集了她近20年来的教育思考、经验和体会。

教育遍及整个社会,几乎与每一个人相关,因此,这本书是将学生和教师与整个社会融为一体的书,是一本从教育走向生活和生命的书。陈武老师这本书的重要特点之一,是她对教育的一片赤诚和对学生的爱心延展到普遍生命领域,让人深深感受到教育和教育者所共同给予普通生活的美好和欣慰。她由此生发的教育领悟,将教育者与受教育者水乳交融,而在这个过程中,学生和学生家长由于教育者的思想和行为而普遍受益。

也就是说,在很大程度上,这本书让我们回到教育之本。教育之本来源于一种更高的生命追求,而不仅仅是一种知识性教育和技术性教育。教育的品质本来就在于让人成长为一个有更纯净生存品质并且憧憬理想生活的人,而不仅仅是更有知识、智慧和技能的人。这就是陈武老师在这本书中呈现的教育理想和教育精神,她对此格外重视。

这本书再次提醒我们,教育不仅仅是为了完成对学生的知识传递,而且是为了完成对学生的品质、教养和人性的培养、挖掘、提升与发挥,培养一个有更高的生命品质的人,才是教育的最根本的目的,而且是让一切知识和技术能够发挥的根本源泉,也是人类最高的生存目标。

这样,我们发现这本书的最重要之处,是怎么进行教育、接受教育、看待教育的人类整体生存的主题。因为,每一个学生最初接受的教育——也就是童年和少年期间接受的教育,将奠定一个人一生的方向和成就,决定存在的品质、价值和意义。

人最初接受的教育对一个人的一生是非常重要的,而每一个人的一生汇聚起来,就变成了人类的整体的生活,教育在其中起着中流砥柱的作用。如果童年和少年时期接受的教育不得当,就会直接影响人的生存品质,这就是陈武老师这本书的重要出发点和意义发生点。

于是,这本书就不是一本简单的经验汇集,也不是泛泛的心得体会,更不是堆积的报告资料,而是从心底里发出的教育声音,是对教育的欣然向往和钟情热爱。书中漫溢着对学生的热爱，由对学生的热爱而产生对教育的忠诚和思考，产生一个教育者与其他教育者、人类教育和中国教育之间的联系。

正是从这样一个根本点出发，这本书中的一切都由对学生的关爱生发出来，也就是由生本教育的核心之处生发出来。生本教育的核心就在于用自己的爱心去帮助学生成长为更全面、更美好、更有价值、更有理想的人。

三

陈武老师从事教育工作很多年，她的教育实践以广州为中心，遍及广东各地以至中国的其他一些地方，这使这本书具有比较充实的内容和主题根基。而在形式上，这本书深入浅出、清晰明了、轻松好读，有效地表达了教育精神和教育情怀的主题。

这本书的书名已经非常清晰醒目地提出了教育目的与书中的主题是一致的。这本书告诉人们：在教育的过程中，受教育者和教育者同时享受到生命的神奇和美好。

这本书的主题不仅仅是在谈生本教育，而且是在谈教育与生命的普遍关系以及普遍的教育精神。如果要简洁地概括，那我们可以说这本书是在谈一种诗意的教育精神。所以书的标题非常恰切地体现出诗意教育精神所变幻出来的神奇和美好。仅仅用知识和技术是无法变幻出这样一种神奇和美好的，仅仅用责任和义务、仅仅用职业性和工具性的态度，也无法完成这样一种神奇和美好。

从让生命神奇和美好出发，这本书的特点之一，是不仅仅把教育看作是学校内的事情，而且把教育看作是遍及整个社会的宏大事情。同时，把教育看作是生动的事情，也是涉及每一个人一生的庄重事情，由教育而细致入微地体贴、关爱学生，由此进入生活和社会中普遍的生命意愿与生命志趣。

序2 教育之心中的生活和生命

在陈武老师的这本书中，非常突出的是将教师、学生和家长三者融为一体的共同基点，这个共同基点也是人类教育发生和延续的根本点，那就是：对学生的教育并不仅仅是让学生能够学到知识和技术，也并不仅仅是让学生将来发挥对社会更加有实际的知识性、技术性、工具性、实用性的效用，而是让学生成长为一个更加具有人的美好生存品质的人。

于是，这本书中涉及教育的多方面关系：教育者与教育者之间相互尊重和学习的关系，教育者与学生之间相互尊重和学习的关系，教育者与学生家长之间相互尊重和学习的关系。

尤其是，在书中所述的教师与教育的关系中，结成了教师相互之间的关系，陈武老师在书中不断地提到她在其他教育者的启示下提升自己，也用自己的教育实践和教育思考去帮助其他教育者。

生本教育延及更普遍的教育。生本教育虽然是一个特有的概念，但在人们的生活中，教育是普遍存在的，从古至今的教育都有共同的本质，这本书要探究的是生本教育最根本的东西，由这个根本的东西引申激发教师之间的关系、教师与学生的关系、教师与家长的关系以及教师与教育的关系。

这样，我们会发现，教育者们是面对共同的教育，而教育是面对不同的教育者与受教育者。于是，形成教育者共同的品质和情怀非常重要。陈武老师致力于进入这样一种教育关系中。实际上，这本书中表现出一种共同的教育精神和教育信仰，说到底，是教育之心来源于一种教育精神和教育信仰。这本书就讲了这样一种教育之心与教育精神、教育信仰、教学思想、教学实践之间的细致而生动的关系。

徐肖楠
2018 年 9 月 28 日

目 录

引言 ………………………………………………………… 1

第一章 感恩：心系教育，拥有未来 ………………… 4
题记 …………………………………………………… 4
有了人，教育的最大价值就可以呈现 ……………… 5
道法自然，教化成诗 ………………………………… 11
教学从有效到有意义，是一种进步 ………………… 19
初心、直觉、柔软 …………………………………… 23
为了世界的美好与未来 ……………………………… 26

第二章 遇见：生本教育，激扬生命 ………………… 30
题记 …………………………………………………… 30
没有人知道春风的颜色 ……………………………… 32
看似寻常最奇崛 ……………………………………… 38
人人都是天纵之才 …………………………………… 41
把幸福进行到底 ……………………………………… 44
罗浮山下话生本 ……………………………………… 48
改革创新，回归教育本质 …………………………… 51

第三章 思考：读懂孩子，发现孩子 ………………… 56
题记 …………………………………………………… 56
成长无可替代，生命靠自己长大 …………………… 57

学习的发生之处在学生 …………………………… 60
 柔弱胜刚强 …………………………………………… 62
 慢一点，再慢一点 …………………………………… 64
 孩子是我师 …………………………………………… 66

第四章 修炼：放下执念，善待生命 ……………………… 70
 题记 …………………………………………………… 70
 不站船头也是船老大 ………………………………… 71
 教育之道，道在心灵 ………………………………… 74
 做一个幸福的老师 …………………………………… 77
 理念胜于方法 ………………………………………… 81
 教育，唤醒天性和潜能 ……………………………… 85

第五章 实践：教少学多，以学定教 ……………………… 88
 题记 …………………………………………………… 88
 小立课程，大作功夫 ………………………………… 90
 让学习真正发生 ……………………………………… 97
 珍视思维的第一缕阳光 ……………………………… 101
 每天都有新的喜悦 …………………………………… 106
 激情和实践，是快乐的源泉 ………………………… 110
 观课不是看老师，而是看学生 ……………………… 115
 让考试成为快乐的经历 ……………………………… 120

目录

  减少规定性，扩大选择性…………………………………124
  始终相信学生，尊重学生，依靠学生…………………126
  在学习的核心之处做文章………………………………130

第六章 核心：找到慧根，推进阅读……………………136
  题记………………………………………………………136
  打通知识与心灵的通道…………………………………137
  教育的美好，就是借助自然之伟力……………………140
  来吧，孩子，我们一起阅读……………………………143
  因为简单，所以极致……………………………………147
  语文教学，来一场静悄悄的革命………………………156
  疯狂阅读班的故事………………………………………160

第七章 花开：春来草深，花开有季……………………163
  题记………………………………………………………163
  春天，在我生命的日子里………………………………165
  德育的基础在于儿童美好的学习生活…………………168
  爱读余秋雨文集的女孩…………………………………172
  快乐、素质、成绩………………………………………175
  我的小学班主任老师……………………………………181
  想起他们牙牙学语时……………………………………184

第八章　在路上：春风无颜色，万物生光辉……………… 191
　题记……………………………………………………… 191
　形与神，术与道………………………………………… 193
　不到新疆不知道祖国有多大…………………………… 196
　十年坚守，生本兴校…………………………………… 200
　对课堂改革，不怀疑，不争论………………………… 203
　多一把评估的尺子……………………………………… 206
　春风无颜色，万物生光辉……………………………… 208

附录　龙口西小学校长陈武：重构课堂，让世界成为孩子们的教科书
　　　（余丽颖）……………………………………………… 214
后记……………………………………………………… 224

引言

教育家陶行知先生在《晓庄三岁敬告同志书》中谈到:"我们试到一个花园里面去看一看:万紫千红,各有它的美丽;晓庄不是别的,只是一个'人园',和花园有相类似的意义。我们愿意在这里面的人都能各得其所,现出各人本来之美,以构成晓庄之美。"

我很喜欢这个生动的比喻,这是我心目中的理想校园的样子,校园就像百花园,每个生命都能在此"及时发荣滋长";在此劳作的园丁最有智慧,懂得百花生长的规律和节奏,使其"各美其美,各得其所"。

在我担任校长的近20年里,我一直努力朝着这个理想校园的方向努力。我在3所学校担任过校长,既有小规模城乡交界处的学校,也有大体量、超规模的城区中心学校。不论在哪所学校,我常常反省:我们的教育适合学生了吗?是否把他们看作成长中的人类而不是知识的容器?教育是否满足了孩子成长的渴望而不是扼杀了他们的天性?我们是否因为工作的繁杂而忘掉了教育的根本?由此,每到一所学校,我都会结合实际推行生本教育,把以人为本的教育思想不仅贯穿于办学理念和学校管理上,而且落实到学校课程的实施和课堂教学上;不仅转变教师的教育观念,而且逐步形成浓厚的以生为本的教育文化,使学生的天性得到呵护,潜能得到激发,生命得到激扬。

与生本教育的邂逅是在1999年底,当时我参加了广州市天河区教育局举办的全区中小学校长高级研修班,记得当时天河区教育局请来了全国各地不少知名专家、教授给我们授课,其中印象最深的是华南师范大学博士研究生导师郭思乐教授的报告。

参加研修班期间,我们还去了最早开展生本教育的实验学校听课。

那是一堂怎样的课呢?至今还记得当时给我的震撼,因为那节课完全

享受 | 生命的神奇 | 和美好
生本教育的思考与实践

颠覆了我对课堂教学的认识。在那节实验学校的语文课上，学生们一节课认识了三四十个生字，识字方法就是让人眼花缭乱的游戏，整堂上学生们兴趣盎然、乐此不疲的状态也让听课者受到感染。更奇妙的是下了课后，学生们还兴致勃勃地拿着一本本课外书，请听课老师听听他们的大声朗读。原来，实验学校采取的是"意义识字，推进阅读"的教学模式，即一年级学生在游戏中认识近两千个生字以后，很快就可以自主阅读。

当时，一般的语文课上，三四个生字需要学一节课，又是偏旁部首，又是组词造句，效率很低。那时我是教毕业班语文，班级语文成绩也很好，但是学生学了六年语文却不可能出口成章，不能下笔成文，是因为教教材、教知识点的做法盛行，而大量的自主阅读是无法进入课堂的。

亲身感受实验学校的生本教育课堂，使我在反思有教无学、目中无人的课堂教学弊端的同时，看到了还有另外一条路径：以学生的发展为核心、以激扬学生生命为导向。看，课堂上，学生们是如此自信积极，知识面如此广博，思维如此敏捷，合作学习如此默契！我的精神为之一振，这才是真正的理想课堂，真正的理想教育！我非常向往这样的教育境界，并为此付诸实践，二十年来没有停止过。

这么多年下来，我越发感受到生本教育正是我憧憬的教育理想和理想的教育，是真正把学生作为主人，把为教师好教转变为学生好学而设计的教育。教学从主要依靠教转变为主要依靠学；教育从控制生命转变为激扬生命。生本教育体现了对生命价值的尊重，对人性的信心，对人无限潜能的认识，对人全面发展的追求。

我深知：教育教学的改革核心在课程改革，课程改革的核心在课堂教学改革，没有课堂教学层面的改革，就没有真正的素质教育！于是，我们在课程与教材的整合重构上下功夫，让课程因为简单而承载丰富，使课程更加适合学生，适合培养社会发展需求之人才的目标；在核心性的学习上下功夫，抓住能促进学生发展的根本之处，使得教与学从灌输式转变成依靠生命内在的力量去实现，顺应孩子的成长天性，激发无限的潜能；在教师的角色和定位上下功夫，教师的伟大之处在于，不是把孩子带入我们自己的智慧之门，而是让孩子走入他们自己的智慧之门，既解放了教师，也解放了学生。

"当鞋合脚的时候,脚就被忘记了"。当我们把教学活动真正变成学生发自内心的活动时,学生就能享受学习带来的无限乐趣。

就这样,我们一步一个脚印,从3名实验老师到全校教师、从两个教学班到全校所有教学班、从两个学科到所有学科开展生本教育,从课堂教学生本走向管理生本、德育生本、活动生本、评价生本、教师生本。我们坚定不移地做三件事:一是始终坚持走教育教学改革与创新的道路,二是不断探索和深入改革的深水区和课堂教学领域,三是构建颠扑不破的以生为本的教育文化,使学校发展走向蓬勃兴旺。

"十年催得花如海,万里寻知此是功"。在生动活泼的课堂里,我看到了教学原本是课堂之事,然而在这咫尺之地,却有春风和煦、天地至美、生命破茧而出的美丽。我深刻地感受到我工作的意义:顺应了时代,顺应了学生,顺应了教育发展的规律。

全国各地二十多个省市上千所学校来访观摩生本课堂,大家惊呼:生本教育流光溢彩,听后心悦诚服。有的说:生本教育,让我看到了中国教育的希望;有的说:我希望中国所有的孩子都能享受生本教育。

近20年的生本教育实践,让我越发感受到真正的课程改革不是一场技术革新,不是在原有基础上的小修小补,而是思想理念、人才培养模式的根本变革。

虽然,开展生本教育遇到过许多困难和挫折,甚至误解和指责,前行的道路也充满了挑战,但我常鼓励自己:在顺境时保持教育的直觉和教育的激情;在逆境时不倦怠、不悲观,保持心灵的轻盈纯粹。生命的神奇与美好每天都看得到,我享受这样的教育生活!

享受 | 生命的神奇 | 和美好
生本教育的思考与实践

第一章
感恩：心系教育，拥有未来

题　记

广州达道路上有一所建于解放战争年代的学校，叫八一实验学校，这个学校有着辉煌的历史。学校成立之初招收的孩子都是老一辈无产阶级革命家的子女。学校发展经历曲折，校址曾经因战争的需要从北平迁到武汉，又从武汉迁到广州达道路。在该校成立60周年校庆的纪录片里，记录了许多珍贵的场景。当时来了许许多多校友，更有已经八九十岁的开办初期的学生。有一个镜头吸引了我的注意力，是记者正在采访这个学校的第一任校长，她是一位将军的女儿。老人家90岁了，但精神矍铄，看上去比实际年龄年轻多了。她说，他们对国家的最大贡献是当了一辈子老师，金银财宝现在对他们来说都没有什么意义了，唯独感到幸福的是那些曾经教过的孩子来探望他们，让他们感到最大的欣慰。

这一幕深深打动了我，原来金银珠宝买不到幸福，师生情谊才是无价之宝；荣华富贵换不来幸福，执着于教育才是无上荣光。熟悉的一首小诗涌上心头：春天的背后不是秋，何必为年龄发愁？人民的事业与世长久，谁的生命与他结合，白发就上不了他的头。

什么是幸福？幸福无处不在，只要拥有一颗常常感动的心灵，常怀感恩，就拥有了幸福，拥有了未来。

第一章 感恩：心系教育，拥有未来

有了人，教育的最大价值就可以呈现

成为"百千万人才培养工程"的一员

从 2008 年到 2011 年的 3 年时间里，我荣幸地受组织选拔、委派，参加了广东省基础教育系统"百千万人才培养工程"第四批名校长培养对象高级研修班。

清楚记得当时隆重的开班典礼。2008年 7 月 15 日那天，开学典礼在广州广轩大厦举行。时任广东省教育厅副厅长文传道，基础教育处处长朱超华，原人民教育出版社副总编兼博士生导师文颐教授、吕达教授，时任华南师范大学副校长刘鸣，广东省百千万人才培养指导中心主任、省教育科学研究

所所长、华南师范大学博士生导师郭思乐教授以及来自全省各地通过层层选拔产生的省级教育专家、名校长、名教师培养对象全体学员参加了这一盛会。

广东省基础教育系统"百千万人才培养工程"是从 1999 年开始实行的，是培养高水平教师骨干、推动全省教师队伍建设的人才培养工程。这次大会是在省委部署下，继续开展解放思想大讨论，总结和反思教育系统所取得的经验成绩、存在问题和困难、采取的对策和措施的形势下召开的，是贯彻广东省委十届三次全会的决定，优先发展教育，首先要优先发展师资队伍的重要举措。

会上，文传道副厅长做了讲话，他高度肯定了广东省"百千万人才培养工程"实施以来在优化教师队伍建设方面取得的三方面成效：一是

加速了人才成长，研修班学员无论是教育观念、教育思想，还是参与改革的实践、研究水平都发生了深刻变化；二是促进了人才的示范辐射作用，形成高水平教师骨干力量，是广东省教育的一笔财富；三是初步构建起具有广东特色的高级人才培养模式，融"教学—科研—实践"三位一体。同时寄语全体学员：一是珍惜机会，努力学习；二是明确目标，立志成材，要有高尚的教师品格，全新的教育理念，优良的教育风格；三是处理好学习、家庭、工作的关系，科学安排好时间，多吃苦，做到"三不误"；四是自觉遵守有关规定，配合省人才指导中心开展工作。

然后，刘鸣副校长、文颉教授、吕达教授都分别做了发言。紧接着，郭思乐教授代表"百千万人才培养工程"培养指导中心做了报告。他以省内外导师的名义，向上级领导表示感谢，对全体学员表示热烈祝贺。他回顾了承担指导培养中心工作10年来，在省教育厅和华南师范大学的领导下，已经进行了三届培养实践，取得了卓有成效的业绩，各地学员在教育改革和发展中发挥了良好的作用。他对第四批人才培养工作的基本方式、培养思路做了说明和展望，最后表示将与学员们一道，把理论和实践结合起来，有所创新，有所作为，不辜负上级领导和广大人民群众的重托。

最后，三位学员代表分别上台表达了他们在改革中发展、在实践中成才的决心，努力不辜负领导和专家的信任和期望。我很荣幸作为上台发言的三位学员代表之一。我始终记住天河区教育局领导临行前给我的四字赠言：好好学习。我理解这四个字蕴涵着许多的期望：一是要珍惜机会，二是要发愤努力，三是要有所作为。期待通过3年的学习，领会教育的真谛，把握教育的规律，创造辉煌的业绩，把积极的教育创新精神、先进的教育思想和方法带到自己所在的学校，推动教育的改革和发展，为教育的振兴做出积极的贡献。

"百千万人才培养工程"第四批培养对象共287人，分为教育专家、名校长和名教师等7个班，其中校长班有2个，我在校长二班，共35名同学，他们都来自全省各地。同学2年，还有我叫不上名字的，但他们都是当地教育界的"名人"或"牛人"，他们所领导的学校在当地都是最好的或最有影响力的学校。如深圳南山外国语学校校长王水发就坐在我旁边,他的学校从小学到高中,共4个校区,是深圳市南山区教育的龙头学校。我在他们面前就是小巫见大巫了。我在这个班当班长,负责考勤等服务工作。我乐意做这样的事情,感觉拉近了距离,从每一位同学那里能发现我想学习的东西。

高级研修班是一个群英荟萃、高端思想云集的学习场所,丰富的课程内容、前沿的教育理念,就像一道道丰盛的思想大餐,让学习培训成为一种享受。每年3次的学习集中,我庆幸没有落下一次,学校工作再忙我都会安排好,准时到会,安心学习。

印象深刻的专家报告

在培训期间,听了不少专家报告,其中印象最深的是全国关心下一代工作委员会主任林格教授的报告"回归教育的本质"。他谈到了教育就是引导与改造人的内在世界,教育就是心灵感应,教育就是生长,教育就是顺应天性。这些观点让人如沐春风,深有同感。

教育是一种心灵感应。"教"字在甲骨文中的解释,文中有一个心,说明教育是一种心灵感应的过程。教育要用心灵感化孩子,让孩子感受到有人在乎他,传递给学生精神的能量,俗称"温度"。教育的本质应该温暖人心。这比知识的传递更重要。

教育是一种状态。人的状态情绪占55%。教育不只是依靠说教,而是熏陶。因此,教师需要修炼以下三个方面:

一是教育者要控制情绪。浮躁和焦虑是当前教育的主色调。克服这种情绪的良好办法是向后思考30年。想象孩子们30年后的情况,再把眼光拉回到眼前,我们就会有了平静之心。平静之心,温暖每一个孩子的心灵;平静之气,滋养每个孩子的心灵空间。孩子只要具备长、宽、高三个方面就是合格人才。长:有一技之长;宽:能与别人相处;高:人格健全,孝敬父母。

二是要遵循人的阶梯发展规律。人的成长公式:第一步,读万卷书,不如行万里路;行万里路,不如阅人无数;阅人无数,不如跟随成功人士的脚步;跟随成功者的脚步不如高人点悟;高人点悟不如自觉自悟。第二步:学而不用,才为大用。学习的最高境界:学、听、想、记,最后忘掉。不要拿了别人的就照用，其实是没有用的。学习不是教会的，而是自己学会的。

教育就是成长。教育者应该像农民，做得很简单，就是给土壤松土，植物爱怎样长就怎样长。因此教育应该是很自然的事。我们提供气候和疏松的土壤，教育就做好了。奥修说：当鞋合脚时，鞋就被忘记了。教育时，让孩子感觉不到在教育他，教育就成功了。

教育的三个境界：手中有剑，心中有剑；手中无剑，心中有剑；手中无剑，心中无剑。教师的生命成长要与孩子同步，三分教，七分等。

教育就是顺乎天性。天性就是孩子生命发展的规律。考察教育是否科学，就看起点是否符合孩子天性。我们应捍卫学生的主动性，而不是控制他。

教育的过程，是孩子自我意识不断成长的过程，教师的使命是顺应天性、保护天性的过程。教育者的自我教育是教育的最终落脚点，做到认识自己，认识人性中的秘密；接纳自己，知道不足与不会；控制自己，学会控制情绪，保持状态。

其他专家学者的报告同样精彩。清华大学附中赵剑祥老师主讲"我的成长之路"，介绍了他一辈子做教育、坚持语文教学改革无怨无悔的经历。从20世纪90年代开始，他不断地进行语文教学改革，他的古诗词课程，学生可以即兴写古体诗歌；他的"东方时空"课程，除周一外，每天早上让学生看新闻节目《东方时空》一小时，一周写一篇评论或感悟，给主持人写警句等，培养了视野广阔、语文素养深的学生。这给了我很多启发，让学生们在实践中学习语文，一定充满乐趣。

原海南海口教科院院长、现重庆某中学校长龚校长做了"有效课堂的评价"报告，我对他强调的思维训练关键在设计和启发，那种对问题设计的细化处理方法不置可否。如他讲到徐志摩《再别康桥》的教学，做到每一个诗节都有精心设计的三四个问题，以追问的方式让学生充分理解，我对此不敢苟同：那一个个密集的追问，看似引导思考，实则是没有思维空间的禁锢。那样的教学设计还是从教师出发而不是从学生出发，还是考虑依靠教而不是依靠学，存在很大的局限。

但他的报告中讲的一则短信很令人深思。美国能源部部长朱棣文考察了中国几所知名中学,回美国后接受媒体采访,他说:"不用担心中国的崛起,中国的学生是老师讲学生记,缺乏创造力;学生的志向是考上北大清华,毕业后到国外工作。"这激起我的忧患意识,是时候反思目中无人的教育、以应试为目的的教育的弊端了,以人为本、面向未来的人才培养的目标和培养模式的改革,势在必行。

云南省教育厅厅长罗崇敏作了"我的现代教育思想"的报告。暑假期间我被邀请到云南弥勒县做教师培训时就知道罗厅长了,因为他的书《天鉴》是云南省所有教师和公务员的必读书,主要收录了他10多年来的报告讲话和对生活、对人生的感悟。

他的发言中有一点让人记忆很深。他说:全国教育工作会议强调的核心是改革与创新。他认为教育的改革创新不是去弄什么新的东西,而是教育要回归本真,回归人;要注重价值教育,一个国家民族的灵魂就是价值,如果魂不附体是可怕的。社会最大的危机是教育危机,最大的价值是教育价值。

思想的母亲是情感,情感的母亲是阅历,罗厅长有对教育的深厚情感,所以妙语连珠。聆听思想者的高端对话,在思想精神上是一次洗礼。

追求一种激情燃烧的教育生活

毕业典礼上,除验收专家对我们的验收评价外,还有广东省教育厅巡视员文传道的报告,他谈到了教师培训的现在和未来、成绩与遗憾。而在"百千万人才培养工程"验收专家组组长发言中,首先是肯定了学员们通过参加第四批省级培养对象高级研修班的学习,更新了教育理念,自觉用先进的教育理念去指导自己的教育教学实践;其次是集中学习出勤率高,各地学员能够努力投身教学改革研究,取得了显著成果;三是学员们回到当地,能够对当地的教育教学改革起到示范和引领作用。

当然最高兴的是其中提到了我。话是这么说的:"广州市天河区陈武校长的研究成果非常显著。这几年全国各地到她学校参观、考察、跟班学习的人络绎不绝,她本人也先后被邀请到新疆、重庆、云南、郑州、辽宁、吉林、北京等省市做报告,受到各地的热烈欢迎。"能和我的同学一起成为优秀学员,这是对3年学习的小结和奖赏。

享受 |生命的神奇| 和美好
生本教育的思考与实践

　　人才培养中心主任郭思乐教授做了热情洋溢的讲话，他说："结业不是结束，而是新的开始。希望大家记得'百千万人才培养工程'开始时的期望：在改革中成才，在教学领域推进。同时希望大家回到各地要为构建颠扑不破的以人为本的教育文化而努力，始终做一个思想者，做一个实践者，做一个学习者，做一个为国分忧的人。"

　　始终做一个思想者。我常常思考：为什么做教育？为什么改革？教育面对谁，是人还是物？我们的使命是什么？每个人都可以有思想，当你思想时，就是精彩发生时，就会有与众不同的思考，就能创造旷世的精彩。

　　做一个实践者。我们要做事情，事情是一个实体，但也存在一个影子，有时我们可能追逐影子而不是事情本身。居里夫人的事情是镭，袁隆平的事情是水稻。我们的事情是孩子的成长，育人为本，促进孩子成长是学校的出发点和归属点。把事情和影子分开，就有了依靠，有了健全的身心。

　　做一个学习者。从实践中学，到教育前沿学。课堂还不是教育的最前沿，教育的前沿是孩子成长的前沿，因为我们最早看到孩子脸上的霞光，这就是大自然给教育者的补偿。只要把握核心，有了动力，就可以读懂很多有用的书，让我们怦然心动。

　　做一个为国分忧者。教育承担通向未来的桥梁使命，而我们是最早接触未来的人。今天，最重要的是解决素质教育问题和教育均衡问题，需要通过内涵改变、内涵发展来转变。这在于广大教师和校长影响的学校是否行动起来，这是决定性的。要把我们所做的事情与国家的未来结合起来，我们就能过一种激情燃烧的教育生活。

　　振聋发聩的临别赠言，深深印在我的脑海中。我想，广东省"百千万人才培养工程"名校长研修班虽然结束，但一切好像才刚刚开始。我们这些名校长、名教师培养对象回到各地，都有责任构建颠扑不破的以人为本的教育文化，为人尽心，育人为本。有了人，教育的最大价值才可以呈现。

　　站在新的起点上，任重而道远，牢记嘱托，不辱使命。

第一章 感恩：心系教育，拥有未来

道法自然，教化成诗

在参加天河区小学名校长培养对象高级研修班学习的两个多月里，印象最深的是参加了为期一周的到成都跟岗学习。我到了著名的草堂小学，考察内容从校园文化到学校管理，从课程建设到课堂教学，从德育管理到教师发展，从品质课堂到智慧教育等课改举措，每天的内容让人目不暇接，既扩大了视野，也带来了思考，收获是巨大的。

流淌诗意的学校

对草堂小学充满期待

出发前，我参加了在进修学校召开的天河区基础教育名校长培养对象到成都跟岗学习的启动仪式，知道了我要到的学校是成都市青羊区草堂小学。虽然没有去过但早有耳闻，那是一所有着鲜明特色的学校，"草堂"两字已经让人浮想联翩。

出发前一晚，我特意把读大学时买下的厚厚的《唐诗鉴赏辞典》搬下来，将杜甫的著名诗篇一一重温。特别是杜甫在草堂居住期间留下的两百多首脍炙人口的诗句，是我们仰望诗圣的理由。如充满画面感的诗："随风潜入夜，润物细无声""又是江南好风景，落花时节又逢君"；还有令人荡气回肠的名句："出师未捷身先死，长使英雄泪满襟""安得广厦千万间，大庇天下寒士俱欢颜"……无不反映杜甫身居草堂、心怀家国的情怀，让后人敬仰。

机缘巧合的是在2012年的校庆日上，生本教育创始人郭思乐教授为我校的题词正是杜甫的诗句"无边落木萧萧下，不尽长江滚滚来"，意寓我们的教育事业像滚滚长江水,一路向前,奔向未来。因此有厚重文化作为基石的草堂小学让我充满了期待。

流淌诗意的校园

当天一早,草堂小学的范书记来到酒店接我们。穿过车水马龙的街道,半个多小时的车程。快到草堂小学了,马路两旁的树木花草多了起来,一条小溪映入眼帘,范书记说这就是被陆游称为"十里花香不断"的浣花溪。在目不暇接的沿路春色陪同下,我们到达了草堂小学。

学校的正门上有杜甫的雕像,旁边书写一首诗:"人谓浣花好,文宗百代高。草堂留圣迹,小学传大道。"这是一首藏头诗,意为"人文草小"。进入校园,操场上学生正在做操,于是我们站在校道上,慢慢观察校园。校训"诗意的方向,最好的自己"醒目地呈现在我们眼前,漫步校道,脚下每一块砖石上都写着诗,远远望去,正对大门的好雨轩的台阶上也有诗,像两条溪流,缓缓从台阶上流淌下来。

学生做完操回课室了,我们见到了蓝继红校长。这位鼎鼎大名的校长亭亭玉立于花坛边上,紫红色的围巾,及地的长裙,顾盼生辉的大眼睛,让我看得入迷。她热情地接待了我们,很快安排好了我们这几天的活动,并且送我们一本她自己的专著《蓝继红与诗意教育》。我们如获至宝,想来这几天可以好好拜读,心里多了几分敬佩。

课间的时候,我们在校园四处参观。学校的环境非常优美,墙壁上、地板上、围墙上,都是诗歌,草堂小学的标识随处可见。每个班以诗社命名,班级门口橱窗里摆着几本书,走廊的墙壁上都是学生创作的诗歌,正像草堂小学的简介中所说的,"这是一所流淌诗歌的学校"。

蓝继红校长说她从2003年接任至今,10年来学校的发展和建设走过了几个阶段,从校园文化,到制度文化,到现在的课程文化,以及将来的教师文化。制度文化指的是草堂小学有一项非常有意思的教师执行校长制度和学生执行校长制度,即每月评选出一名教师作为教师执行校长,每学期各年级评选出年级教师执行校长,全校评选出学生执行校长,让老师、学生广泛参与学校管理,自主策划一项全校活动。草堂校园内有一面名为"影响"的墙上张贴了这项制度实施以来,所有教师执行校长的就职宣言和活动感言。看来,这项制度深入人心,受到师生的欢迎。

第一章 感恩：心系教育，拥有未来

下午观摩了一节三年级校本课"我与茶里人家的亲密接触"，这是一节草堂小学教师与杜甫草堂仰止学院一起开发的课程。课堂上，执教老师带来很多资讯，从茶文化的历史背景到诗歌描述，从茶马古道的变迁到喝茶礼仪，不时穿插一些故事，给学生送上茶文化的快餐。了解了一下，原来这是草堂小学教师课程的一个特色，他们在草堂小学的社会实践基地——杜甫草堂的仰止学院开设了许多课程。

我的感觉是整堂课非常有新意，课程的切入点不错，为学生带来了新的学习领域。而引发我思考的是：教学是一门艺术，教什么只是一个切入点，重要的不在于教什么而在于引导学生怎样学。因此，老师大可以将所要教授的内容放手于学生，发动学生去研究、思考、实践，在教学中的教师更应该像一位牧人，将牛羊带到水草丰美的地方，对于怎样选择青草，是强按牛头还是放手于自由选择？这个问题是教学的关键。

我也想变成一首诗

杜甫草堂是草堂小学的社会实践基地。将近放学，草堂博物馆仰止学院的杨洋老师盛情邀请我们去仰止学院参观。于是，我们步行前往。

一路上，只见道路两旁树木参天，银杏树冒出新叶，空中飘着棉絮，花香弥漫，浣花溪水正静静流淌着，湖面上有白鹭掠过的优美身姿，好一派春光无限。

步行10分钟就来到仰慕已久的诗圣故居——杜甫草堂，我们进了草堂，沿着草堂中轴线，从北大门，到柴门，到茅屋，不少建筑按照当时的原貌保留，并且留下了大量的后人对诗圣杜甫的尊崇的纪念景观。杜甫谱写千古佳作《茅屋为秋风所破歌》的茅屋旁，桃花还在盛开，为杜甫故居平添几分生趣。想到一千多年前遭遇坎坷、生活潦倒的杜甫在破茅屋里，为天下寒士疾呼"安得广厦千万间"，不禁被深深感动。

在草堂慢慢走了一遍，发现草堂小学的诗意教育发源于这得天独厚的地理环境和人文环境，草堂小学与草堂文化的融合成就了今天的草堂小学。诗意的文化浸润诗意的人生，在草堂的师生多么幸福！

短短的一天，收获颇丰，所到之处春意盎然，满目诗意潺潺，真想让自己也变成一首诗，融进这无边的美好之中。

充满人格魅力的校长

跟岗的第二天,主要的活动是:上午参加蓝继红校长特级工作室到青羊区彩虹小学的同课异构教学活动;下午参加青羊区教育局举行的第二届特级教师校长工作室中期总结会。从早上七点半一直到下午五点半这一天的时间里,我看到了蓝继红校长一天的工作。我觉得可以用这三个关键词描述蓝校长:激情、情怀和影响力。

激情

与蓝校长接触的时间虽然不长,但是明显感觉到校长工作的繁忙,她的学校几乎每天都有来访参观团以及很多来自上级部门的突击检查等,加上校长本身有许多校内外的工作,身上的压力可想而知,但是每天展现在我们面前的蓝校长都是神采奕奕、优雅沉着。蓝校长爱漂亮,离开办公室的时候再匆忙都要照照镜子、整理妆容。我想:如果不是内心充满爱与执着,又怎会有那么好的心态面对每天的挑战?

影响力

蓝校长是成都市青羊区特级校长工作室主持人,这天,她带领工作组的老师们来到彩虹小学,开展同课异构活动。为了不迟到,我和同行的蔡校长两人七点半就从酒店出发赶到草堂小学,跟着蓝校长到了十几公里外的彩虹小学。这次活动,由草堂小学和彩虹小学两所学校的老师各执教一节课,二年级语文"狮子和兔子"。据了解,这样的研、学、训活动是定期开展的,工作室的成员来自七八所学校。走入彩虹小学,发现学校不大,但是也布置得非常精致。

蓝校长每到一处都受到明星般的欢迎,可见校长的魅力。上完课,大家开展了非常认真的评课活动。执教的老师和听课老师纷纷发言。蓝校长的点评很到位,既谈了教师的进步,也谈了可以改进的地方,还谈了教学策略的处理,可以从课文的切片入手;谈了语文就是思维训练,谈哪里都可以挖出思维点,教学要点线面结合。执教老师听了非常感动,称听了蓝校长的话有了顿悟的感觉。我也觉得这样的研讨活动形式有效,从课堂着手的研讨方法是实实在在的,很好地发挥了特级校长的示范引领作用。

而我也在想,一位好校长就应该是教学权威,是课程引领者,只有真正深入课堂,才能带领老师们在课程改革中找到适合孩子的教学方法,找到培养高素质人才的道路。我们不仅要研究怎样教,更要研究怎样学。而在这个过程中,老师尤为重要,不仅要有先进的教学理念,还要做课程的开发者,找到语文教学的本质。作为校长,深入课堂,研究教学,研究学生,培养教师,就是校长的正业。

教育情怀

下午跟着蓝校长参加了青羊区教育局举办的特级教师工作室中期总结会,先是一位四川特级教师周兆伦的报告,接着是19位校长的发言,蓝校长的5分钟发言讲了"教育情怀的邂逅",谈了一年来她的特级校长工作室开展的工作,和工作室成员之间的共识以及取得的成绩。后来了解到青羊区从2013年开始成立了19个特级教师校长工作室,每个工作室吸收全区各个学校的骨干教师参加,19个工作室的组成人员涵盖了全区所有学校、所有学科。我想,这一制度对促进全区的教育工作提升应该大有益处。

跟随蓝校长的一天,印象很深的是她的话。她说:草堂小学教师最与众不同的地方,一是淡泊名利,学校从来没有因为评优评先而闹红脸;二是事业激情,再繁忙的工作从来都是从容应对;三是合作精神,每一位老师成功的背后都有鼎力支持的团队做支撑。我想,其实这也是蓝校长的写照,因为一个好校长就是一所好学校。草堂小学老师们的与众不同主要来自蓝校长自身人格魅力的感染和引领!

课程改革的核心在课堂

跟岗的第三天,最大的收获是参加了成都市锦江区成师附小万科分校举办的市级课题研讨活动"深度对话的课堂教学研究与实践"。听了校长报告,观摩了语文和音乐各一节课,然后是协助单位进修学校校长报告,最后是一位大学教授评课。感觉这是一次代表当地最高水平的教学改革研讨活动,收获不小。

万科分校的校长简洁而全面地介绍了他们学校"深度对话的课堂"的研究成果、关键概念的界定、课堂的基本范式、课堂的操作策略等,全面、系统和详尽。

享受 | 生命的神奇 | 和美好
生本教育的思考与实践

强调教学走向对话

在变革反思中,他们强烈地感受到课堂不能只有形式只有流程,浅表性的合作和讨论依然是低效率的,课堂要真正走向学生对知识的深刻理解,就必须寻找形式与内涵的结合,思考课堂深度,认识到课堂的基本活动方式是"对话",课堂应该展现每一个学习者的认知与思考。

强调教学的四个指标

一是深入到学科教材的本质;二是关注到学科本质与思想;三是深入到学生的心灵深处,关注到学生的情感与思维,让孩子动情、动脑;四是渐次推进学生的理解,释放教学的多重内涵与完整价值,促进学生全方位的发展。

深度对话课堂的基本框架

从深度对话的目标、内容、方式、水平四个维度搭建深度对话课堂的基本框架。深度对话课堂的内容包括三个方面:知识的本质与规律;知识的过程与方法;知识背后所蕴含的思维与思想。深度对话主要包含着五种重要的方式,即师本对话、生本对话、师生对话、生生对话、人机对话。

深度对话课堂的基本模式

深度对话课堂包括三个版块:生成话题、多层对话、视域融合。在基本模式之下,从语、数学科的典型课例中提炼并建立起多种具体操作的变式,分别是:角色体验式、经验分享式、随机访谈式、话题讨论式、问题推进式、论题争辩式。这些极具操作性的变式是从老师的课堂中提炼而来的,具体可操作,被老师们广泛应用于自己的课堂,使"深度对话"课堂呈现出多样的形态。

紧接着是公开课,我主要听了三年级语文"装满昆虫的口袋"和一节五年级音乐合唱课。看得出来,为了突出他们学校"深度对话的课堂研究",课堂教学都很清晰地呈现三个环节:与文本对话、与人物对话、与自己对话。课堂上,学生热情、积极的状态以及教师良好的素质,给我留下了深刻的印象,特别是老师在调动学生的自主性、对教材的研究上,都非常娴熟。

我的深切感受是:新课程改革正在走入改革的"深水区"——课堂层面的改革,各地的研究此起彼伏。有学者认为:更高层次的课堂重建,就需要跳出形式化的藩篱，使课程具有思维的、智慧的和文化的含量，使得课程适合本校的学生并体现学校特色和学校个性。教师的教与学生的学的动态内容，也需要重建三个维度：多维视角的课堂、矛盾冲突的课堂、批判思维的课堂。

联想到多年来我们也探索出了生本教育理念下的"教少学多"课堂教学模式，我们让学生创造自己的学堂，实现了从教走向学、从控制生命转为激扬生命，课堂上呈现的积极欢乐、高质高效同样让人惊喜。

看到有那么多满怀理性激情的教育人在追寻理想的课堂、理想的教育，感觉教育的道路越发光明与宽广。

道法自然，追寻教育的本质

在成都的四天跟岗活动，我走访了四所学校，参加了两个学校的教学开放活动：学科基地教学活动、区域课题研究汇报活动；聆听了四个报告：青羊区教育局举办的特级教师校长工作室建设汇报、万科分校"深度对话课堂教学研究"报告、草堂小学作文教学和课程建设报告等；深入课堂听课七节，有作文课、音乐课和校本课程等；实地考察校园文化、学校管理、课程与课堂教学、德育管理和教师发展，深切感受到成都教育正如杜甫诗歌所描绘的那样"黄四娘家花满蹊，千朵万朵压枝低"，一派欣欣向荣、成果丰硕的景象。成都市成为全国首批通过教育部义务教育均衡化督导评估的地区，当属名至实归。

这次成都跟岗学习，我把"学校的课程建设"作为我的学习点和思考点，国家课程校本化的情况、课堂上的教与学的改革情况等，都是我关注的重点，我想从中取得启发与借鉴。经过这次跟岗学习和强烈的思想冲击，让我对今后的研究与思考方向更加明确。我觉得我们的课程建设的研究和努力可以有以下几个方面。

一是本质回归。在青羊区草堂小学的几天，每天往返的路上都会经过青羊宫，厚重的院墙上书写着大大的文字：道法自然。我们的教育本质的追求应是回归人、回归生命，而人的生命就是教育面对的最深刻、最重要的自然，我们可以依靠人的生命自然的力量去做好教育。

二是大道至简。适合学生的课程才能让学生快乐地学习。现在实行的

享受 | 生命的神奇 | 和美好
生本教育的思考与实践

三级课程体系国家课程、地方课程和校本课程，很多学校在如何校本化、本土化方面做出了大刀阔斧的改革，而我认为真正的课程建设，应该像朱熹所说：小立课程，大作功夫。找到课程的本质，使课程具有研究性和活动性，就可以化繁为简，简单而承载丰富。

三是解放师生。我们所做的一切改革应该是为了解放师生、放飞心灵，课程研究要从教师的课程走向学生的课程，把教师和孩子从繁重的学习负担中解放出来，让每个孩子走向各自发展的极致，而老师也因为成就学生的精彩而成就了自己。

诗圣杜甫有诗云"无边落木萧萧下，不尽长江滚滚来"。教育事业生生不息，教育研究永无止境，想到我们天河区的教育，近年来教育发展也是气势如虹，正在走向优质教育发展与广州市中心城区的发展相匹配的方向。我愿在天河教育改革的浪潮中，将各级领导的关怀和帮助化成动力，将内心的感激化为持之以恒的行动，满怀理性的激情，继续攀登新的高峰，创造新的业绩，向快乐进发，向理想进发，为天河教育做出一份贡献。

教学从有效到有意义，是一种进步

在紫荆花盛开的华南师范大学，我参加了由广州市教育局主办、华南师范大学基础教育培训与研究院承办的 2014 年广州市中小学校长、教师工作室主持人和教师培训实践基地负责人培训班的学习，一连 4 天的学习，收获颇丰。

开班典礼在华南师范大学国际会议厅举行，广州市教育局副局长吴强、华南师范大学副校长胡钦太、吴颖民和基础教育培训与研究院院长王红，都分别作了讲话，纷纷提出和表达了对这次集中培训的要求和希望，同时告诉大家，在课程设计上考虑到培训对象的特点，还专门邀请了一些在相关领域鼎鼎有名的学者教授，显示出这次培训的高端、前沿、品位，让人充满期待。

几天来，我们有幸聆听了几位著名专家学者的报告。北京师范大学公民与道德教育研究中心檀传宝教授的"德育形态分析和实效提高"讲座，阐述了从古代德育到现代德育的发展，指出了德育的现代化，不在于摩天大楼的高度而在于制度，在于精神，在于人权、人道、公平、民主和法制的水平。最后提出人人都是德育工作者，没有做与不做，只有做好与做坏，呼吁要让中国人的德育比经济发展更出色。

安徽省师训、干训与教师资格认定指导中心宋冬生教授的报告"为学生的发展而发展——教师专业标准的解读"，从教师专业标准如何有效践行、名师培养特定需求如何践行两个方面，全面详尽地从理念和维度、践行与名师培养等多个方面对教师标准进行了解读。3 个小时的报告，洋洋洒洒，生动精彩。

华南师范大学陈晓平教授的报告"道德哲学与人生境界"，质朴平实，却给我们带来不可多得的修身修心的教导，特别是他重温了冯友兰先生关于人生的四个境界：自然境界、功利境界、道德境界和天地境界。谈到了中国哲学的精髓：极高明而道中庸。因此要将利己利他、为公为私统一起来，这样的道德哲学才是有生命力的，才能堪称当代中国的道德哲学。观点很有见地。

西南师范大学宋乃庆教授"中华人民共和国成立以来我国基础教育中的若干争鸣问题"的演讲也十分震撼人心，他重点谈了我国社会经济层面和教育界的几个重要的学术争鸣，谈到了争鸣应有的态度，谈到了争鸣带来的影响：一是明辨是非；二是带来思想的自由开放；三是少犯错误，少走弯路；四是促进创新的思维火花。宋教授精神矍铄，声音洪亮；他旁征博引，信手拈来；他常常走进学员中间互动，引来课堂的阵阵笑声和掌声。

最后，是吴颖民教授的报告"践行师德规范，引领教师成长——关于师德建设的实践与思考"，是这次培训活动的压轴报告。他从自身的经历讲起，为我们树立起了真实的师德典范。他的演讲语重心长，使听者更感教师的责任与使命，任重道远。

几位专家学者的发言精彩纷呈，正像华南师范大学校园里的紫荆花，芳香四溢，沁人心脾；花开灿烂，让人目不暇接。我非常享受这样的思想大餐。

1月9日下午，北京教育学院季苹教授的讲座"'有效'教学还是'有意义'教学——以生为本呼唤有意义的精神生活"更是触动我的心弦。这是我听到的最为振奋、最为激动人心的演讲之一。季苹教授的课堂风格是我喜欢的：声音不大，娓娓道来；声音柔和，却直入心底；语言精练，值得回味。深厚的学术涵养、深入浅出的阐述，让大家着迷，用情绪管理课堂，用意义去吸引大家，难怪她的课堂充满魅力。

有意义教学来自对有效教学的反思。有效教学不知什么时候开始变得热门，当深入一些学校听课观察后，强烈感受到，现在环环相扣的课堂使学生没有了空间，越发走入微格化的生活，生命找不到意义。她的报告就是由此展开的。两个多小时的报告精彩纷呈，有许多经典话语，特别是她关于"有意义"的思考。

什么是有意义的教学？许多著名学者提出了各种观点。例如：布鲁纳的发现学习，提出发现学习的根本意义在于"自我态度的改变"，更重要的是学生发现自己可以独立思考，能够解决问题，发现自己是有用的，是能够自己学的。奥苏贝尔倡导的接受性学习，认知作为意义的内涵，以此推动学生的认知驱力，是非任意的，是本质的，是相互联系的。罗杰斯的观点，有意义是指"推动整个人的发展"，学习是自我发起的，是整个人的投入，既有认知也有情感；学习效果是渗透性的，它会使学生的态度、个性乃至行为即整个人都产生变化；学习效果是由学生自我评价的。

其实，意义对于每个生命都是不同的。从有效教学到有意义的教学，就是要从哲学的、知识论的和心理学的综合角度改变我们的教学。有意义教学至少要在知识世界与经验世界之间进行沟通；有意义的教学通过意义使师生头脑中的多重世界变成精神世界，让师生享受精神生活；有意义教学的根本任务是师生共同发展自己的意义世界；最理想的有意义教学是师生自我的发展和行为的改变。

季苹教授的报告深深地将大家吸引了，特别是她成立研究团队开展有意义教学实践，令人期待。

临近结束时有一点点时间互动，我也争取了一个机会向教授请教：从有效到有意义，这个改变是对之前研究的否定还是发展？教授的回答是：对于之前的不以人为本的地方是否定，对原有的以人为本的地方是发展。总之一句话，要走向以人为本的目标，以人为本就要呼唤有意义的教育生活。

听了季苹教授的话，我觉得她是一位敢于反思、勇于担当的学者，从"有效"到"有意义"，不仅仅是一个名词的改变，更看到了教学研究方向的调整，观念更趋向人本。

记得很多年前全国盛行的"有效教学"，是要追求单位时间里的教学最大化。最为"著名"的做法就是如追求堂堂清、日日清、周周清，我觉得这样的"有效"还是在追求效果，也就像要求花儿同时开放一样，这反映对学生、对生命还是控制。

印度哲人奥修曾说过:"效果是在欲望它的时候产生的,结果是在你想也没想过它,没有欲望,没有想到它的时候产生的。它的发生是存在内部法则的一部分。那个法则就叫作道。你可以等待一个效果,但是你不能等待一个结果。"

开花不是一个效果,而是一个结果,是自然而然的、水到渠成的结果。生命不是一个效果,而是结果,教育不是效果之道而是结果之道。

想起我在新疆看到一望无际的棉花,为了采摘方便省下大量雇请工人的钱,一些农家将原本需要持续三个月、分三次采摘的棉花喷洒催熟剂,让整块地头的棉花同时开花,实现同时采摘。这样的结果是采摘下来的棉花连当地农民自己都不会用,全都卖给别人。

我觉得追求效果的教育就像让棉花地里的棉花同时开花一样。我非常认同季苹教授所讲的要从有效教学走向有意义的教学,生命呼唤有意义的精神生活,就是要给生命生长、呼吸的空间,这当然是教学改革的又一个进步。

我喜欢听这样的报告,教育需要走向以生为本,对于任何教育研究来说,最重要的是教师对人的敏感,要尊重生命,以了解学生为第一要义;教师的自我是开放和柔软的,才能带来有意义的教学;优秀教师要常刷新自己,让自己清零,用崭新的姿态面对每一天和每一位学生。这应该就是教育工作者最核心的特质。

在华南师范大学连续4天的学习培训机会实在难得,因此倍感珍惜,每天我按时参会,从不缺席,我把这次培训活动看作是一次充电。

这次学习的每一天都是充实的,为我今后的工作开展提供了更多的启发和借鉴,同时也坚定了我们以生为本教育改革实践的信心。

第一章 感恩：心系教育，拥有未来

初心、直觉、柔软

天河区首届基础教育名校长选拔正式开始了，我毫不犹豫地参加了选拔演讲会。虽然刚参加了内蒙古包头市教育局组织的校长论坛，我有一个3小时的演讲，而参加区校长答辩会只有5分钟，我知道这个答辩会重要的不是讲什么，而是态度，所以我选择了参加演讲；我被华南师范大学基础教育培训与研究院聘任为教育部中小学校长培训专家，成为近20个省份众多校长的指导导师，我也是很惶恐，因为我不过是天河区校长队伍中最普通的一位，但我知道态度最重要，因此我选择了参加这个演讲。

在长期的校长工作岗位上，我一直坚持三个"保持"。

一是保持初心，方得始终。在茶道中有一期一会的说法，就是每一次冲茶，每一次面对贵客，都要像是第一次那样珍惜，也要像最后一次那样珍重，因为此时此刻都是不可再来的美好时光。我做校长18年，每个学年有两个时候我总是侧夜难眠：一是每年新生入学的时候，面对那些可爱的孩子我总是忐忑不安，要拿什么奉献给他们，让他们在小学拥有快乐的童年的同时就拥有快乐的一生？第二次是孩子们六年级毕业的时候，在毕业典礼上，孩子们送上的鲜花和临别赠言，常常让我和老师们热泪盈眶，就像看到雏鹰就要展翅。面对每一个孩子、每一次挑战、每一次机遇，我都用无限的热情去拥抱，因为这来源于一份初心。我知道要保持初心，方得始终。

二是保持直觉，心无旁骛。印度哲人奥修说过，保持直觉，心灵才是你真正的导师。为了保持自己的直觉，我常常思考：什么是教育？教育的本质是什么？教育为了谁？教育如何做？生本教育实践近20年，来源于坚定和坚持，只要是对教师对学生有好处的事情就要坚持；来源于持之以恒的努力，只要自己认准的改革方向就要心无旁骛地向前走。

三是保持柔软，柔韧胜刚强。柔软的事物总是最有力量的，你看大自然中最柔软的是春风，带来万物复苏的春天；最柔软的是水，却无处不在润泽万方。教育中的柔软，来自对教育本体的认识，如果一个学校是柔软的，她就会成为孩子向往的"巴学园"；如果一个教师是柔软的，那么她的学生就会爱你千遍万遍；如果一个校长是柔软的，那么老师和孩子在校园这个百花园中就会各美其美，各得其所，显出其本来之美。

在我看来，好的教育就是解放师生的教育，让教师创造着自己的教育人生，让学生创造着自己的学习生活；好的教育是把学生自身的力量作为原动力的教育，激励和引导他们走向自主发展的道路。因此，在我的工作中，我始终坚持三个"理念"。

一是每个人都潜能无限，关键是要有一个舞台。改革开放的成功，是因为把土地还给了农民，人人有块自留地，人们有了选择和自由，得到了解放，当然就有了不竭的动力。在学校教育中，生本教育强调学在教之前，先做后学，先学后教，其实就是给了学生一个舞台，给了学生发现、思考、表达的机会。舞台越大，潜能的发挥越大，学生也就越自信自主。看那些名师是如何练就的？无非就是他们有对教育的热爱，以及成长的机会比别人多些，舞台比别人大些。

二是要舍得静待花开。思想家卢梭有这样的观点：在培养孩子道德观念的过程中，我们每一步都应当很慢，每一步都要走得稳妥。教育最重要、最实用的法则，不仅不应当争取时间，而且还要"浪费"时间。由此我们不难想象，哪个孩子不犯错？当孩子犯错的时候，最好不要急于批评，不要急于点破，要用一颗敏感而柔软的心，给予理解和倾听，给予再次进步的机会。让孩子再想想、再试试、再做做，使得每个孩子满载不完善而蓬勃生长。这样的等待，看起来像是"浪费"了时间，其实是赢得成长的空间。当然，我们对待老师的时候也应该这样，舍得静待花开。让每一位老师在信任、尊重、欣赏和依靠的文化中、快乐着、幸福着，成长着。

三是人人要有好心态、好心情。对孩子来说,有好心情,才有好状态;对教师来说,工作愉快,生活才开心。总带着负面情绪,不仅影响自己,也影响周围的人。因此,我在每学年开学时,总会向老师提出三点希望:珍惜拥有,开心每天;坚定信念,坚持生本;营造文化,开动和谐号。过去说"要想火车跑得快,还得车头带",我认为,我们的队伍应该成为动力机车组,每节车厢都有动力,大家齐心协力,就能成为和谐号列车,所向无前。

人生是一场不可以回头的旅程,我不在乎目的地在哪里,我只在乎沿途的风景和看风景的心情。在广州天河区工作了20多年,感谢天河教育这块沃土,也让所有想有所作为的校长、老师都有施展的空间和舞台;感谢天河教育局领导的远见卓识,使天河教育发展日新月异;感谢我们的教师团队,我们一起享受孩子们带来的欢乐,享受我们共同创造的奇迹和成就,享受教育的美好和幸福。

为了世界的美好与未来

初夏时节,收到时任深圳市南山区教育局副局长王水发电话,邀请我参加深圳"首届中外卓越校长南山对话"活动,这是由深圳南山区教育局发起的,邀请了国内外知名校长学者50名,围绕未来的人才培养和教育国际化的主题,展开的一场高端对话。有幸受到邀请,我感到既兴奋又忐忑:在改革开放最前沿的城市,参加这么高端的活动,值得高兴;又觉得自己资历尚浅,担心辜负如此重任。

会期两天,虽然时间不算长,但整个活动隆重、热烈、震撼,让我收获很大。还有几件让我难忘的事情。

南山的教育国际化

什么是教育的国际化?我觉得南山教育对教育国际化的内涵做出了明确的界定,认为教育国际化就是教育超越国家局限、相互借鉴融合的过程,包含:学习、借鉴、继承、发扬、理解、对话。南山教育为推进教育国际化做了五项工程:一是开设国际理解课程;二是建立姊妹学校,他们的目标是让南山百分之百的学校与国外建立姊妹学校;三是建立培训基地,让南山的老师们有计划到国外学习培训一年半载;四是落实一个研究项目,作为姊妹学校共同探讨交流的主题;五是在学校设立国际班,用与世界接轨的教学方式培养孩子。如南山实验学校就有成功的做法,不教音标、不教语法,不用死记硬背,学生英语成绩也很好。南山的教育国际化取得了卓越成效。

温馨的宣传册

报到当天晚上，资料袋里有两本册子：一本是《南山教育·追梦》，另一本是《首届中外卓越校长南山对话——基础教育国际化的认识和实践会议手册》，两本册子印刷精美，看了就会对南山教育有了较为全面的了解。会议手册里除会议安排、几所分会场学校的介绍外，更有每位被邀请校长、专家的照片和介绍文字，让人爱不释手。第一天晚上还举行了南山区政府主持的欢迎晚宴，邀请所有参与这次南山对话的嘉宾。每人餐具旁都有一个写着名字的座位牌，打开纸牌，里面就是当晚欢迎宴会的节目单。大气而温馨的设计，让人感受到相当高的礼遇。

丰盛的思想大餐

这次活动，被邀请的嘉宾来自 10 多个国家和地区，以及国内各省市有名的专家和校长 50 多人；另外，深圳当地校长、老师几百人参加了会议。一天半的活动，有两个上午都安排了主会场的报告，发言人都是国内外知名博士级校长或专家，其他校长则参加一个下午的分会场的论坛发言。一共有 8 个分会场，所有被邀请的嘉宾都有机会表达自己的教育主张，这样的安排别具匠心又温暖动人。

这次南山对话的目的，正如主办方提出的：对话世界，引领发展。在主会场论坛上，有来自美国、日本、加拿大、俄罗斯、澳大利亚等国家的专家和校长的精彩报告，从教育技术、教育评价，到教育思想、人才培养目标等。印象最深的是一位加拿大专家克里斯的报告，其中谈到：我们生活在美丽又脆弱的地球，每天都在变化，世界上每秒都有 255 个生命诞生，生命是大自然最伟大的杰作；生命创造奇迹，善待每一个生命，不管生命再弱小，都是完整的人，双向尊重是一切成功的可能；人在社会最重要的是关系的建立，这是找到幸福的方法。所有关系的基础是爱，爱是自然的历练，爱就是包容，包容所有的学生。这些话听得我如沐春风，如痴如醉。

也有国内著名的校长作发言，如李镇西《学校管理的民主追求》、江苏启东中学王石《拔尖人才的培养模式的思考》、东北师范大学附属小学熊梅《国际化背景下的教育变革》、上海韩亚成博士的《学校教育改革三重奏》等。我所熟悉的香港真道书院丘日谦校长也做了精彩发言，主会场的每个发言人都有自己的研究和真知灼见，让我心生敬佩。

能干的王水发副局长

王水发副局长是一位博士级的副局长，有思想、有魄力，还很时尚。这次虽没有发言，但他的能力和水平从这次南山对话活动的成功举办得到了最好的证明。南山对话活动筹备时间不算长，但影响大、规格高，从整个活动的会务管理就能看出。

整个活动按正式的国际会议规格举办，技术配置有英、汉两种语言转换的耳机，有同声翻译，有速度一流的速记员，打字的速度跟得上所有专家发言的速度，发言人的讲话声音一经发出，几乎同时，声音变成文字出现在屏幕上。还有许多志愿者，负责一对一地接待受邀请的嘉宾，联系、咨询、解疑，让每一位受邀请的嘉宾受到最好的服务。如果是外国的专家校长，还会有英语老师充当翻译。听王副局长说他们还会将受邀请嘉宾的所有报告资料分门别类整理，给全区老师们学习。

王副局长说，听了国内一些地区代表的发言有所触动，但也看出改革的效果在各地还是有很大差距的。深圳在这一点上走得更快一些。而广东的生本教育是很好的借鉴。我感觉遇到了教育知音。

我对教育国际化的认识还不是很多，但我觉得人才培养模式是大家共同追求的目标。我们这几年的生本教育研究重点放在改变教学观念和方式，使教育回归本真。关于本真的内涵，我喜欢这三句话：相信并立足于受教育者的自主发展；善于发现并发掘受教育者的潜能；教育者与受教育者共同实现生命的成长。生本教育正在实现这种可能。

为了世界的美好和未来

加拿大教育协会主任比尔斯登博士说："教育不但要培养出优秀的学生，而且要培养一个和谐、美好、包容的社会。"我想这句话是对这次会议最好的总结。加拿大另外一位教育专家克里斯也提出：这次对话，大家在这里不是争论哪个国家的教育体系好、哪个不好，哪个学校的方法好、哪个不好，而是为了孩子，为了世界的美好和未来。

　　南山对话活动结束很久了，但心里一直在回味。改革开放初期，深圳速度就是全国的一面旗帜，代表了深圳人敢为天下先的气魄。而深圳的未来30年，必定还是激情燃烧的30年。这次南山对话，更看到南山教育者的气魄和长远的眼光，对话世界、引领发展的自信和深度。我想南山的教育也会像深圳速度和深圳质量一样，在全国唱响春天的故事。

享受 生命的神奇 和美好
生本教育的思考与实践

第二章
遇见：生本教育，激扬生命

题　记

　　从车水马龙的黄埔大道转入这座森林公园，明显感觉公园里的气温比外面低两三度，马路上的喧嚣即刻被留在了身后。

　　这里以前是郊区的时候，树木参天，人迹罕至。现在可不一样了，早已修葺一新，游人如织。暂时放下了过去那种天不黑不离开校园的生活方式，日落时分，我开始了徒步穿越。天晴抑或下雨，早些或者晚些，都挡不住穿越树林的渴望。那些司空见惯的树林、小路、池塘似乎每天都有新的发现。

　　有时候，一踏进公园的大门，远处密不透风的树林像起伏不定的海面，被夕阳染红了一片。归鸟在树顶上空盘旋，可以清晰地听见它们欢快的鸣叫。深吸两口，是紫荆花的芬芳，是桉树的清香，让这清明之气沁入肺腑。

　　迈着轻快的步子踏过一座小桥，水洼浅浅，残荷几片，几只正在觅食的小黄鸭让你放慢了脚步，夕阳下毛茸茸的身体纤毫毕现，旁若无人，在池塘嬉戏。桥的另一边，有几朵独自开放的白莲，绿得发黑的圆叶，衬托着洁白无瑕的花朵，那么圣洁，那么寂静，散发出淡淡的幽香。

　　转过一个弯，眼前出现一个大湖，沿着湖边的一排高高的水杉，这是一种非常古老的树木，有活化石的美称，粗壮笔直的树干，叶片却那么细小。因为今年冬天姗姗来迟，本该转黄飘落的叶子还只是黄绿相间。身旁走过相携的老人、奔跑的青年、依偎着的情侣，没有喧哗，都在静心享受这迷人的黄昏景象。

　　有时候天色已暗，在我急匆匆穿越树林的时候，不经意抬头，发现从树梢上映出一个明晃晃的月亮，像在日落后的天幕上装了一盏明灯，周遭都被照得亮堂起来。我走月亮也走，暮色愈浓月色愈明，连我的心里都变得明亮起来。

有时候遇到雨天，只要不是倾盆大雨，宁愿打着伞也要走走。雨中的树林又是另一番景象。游人不多，空气清冷。只听见雨点打在草地上，落在伞上的沙沙声，这沙沙声经过树下时变得哗啦啦直响，因为每一片树叶的水滴和天上的雨水混合在了一起，密密地落下来。可惜的是紫荆树下落花满地，我终于明白为什么大自然的东西都是香的，因为那些最美的花终归落入了泥土。这让人更好理解了"落红不是无情物，化作春泥更护花"的含义。

忆起海涅的诗："你好像一朵花；这样温情、美丽、纯洁；我凝视着你，我的心中不由涌起一阵悲切。我觉得，我仿佛应该用手轻抚你的脸庞，祷告上天，永远保你这样纯洁、美丽、温情。"

一个人走着，却并不孤独，唯愿就这样走着，走过日落，走过冬季，走过我自己。

没有人知道春风的颜色

——读《教育走向生本》

每当说起生本教育,我的脑海中就会想起郭思乐教授《谛听教育的春天》这首诗:

没有人知道春风的颜色,
只有当她吹拂过山川和田野。
没有人知道孩子的聪慧,
只有当他自由地思考和实践。
没有人知道学习的发生,
只有当学习者心中扬起风帆。

这首诗告诉了我们:教育要走向生本,走向生命,一旦我们"让儿童取得真正意义上的主体地位,最大限度地依靠儿童的内部自然来进行教育教学",此时,"学生处在真正自主的状态中,他的潜能得到激发,他的天性得到发展,他的收获像鲜花怒放。"

《教育走向生本》是由华南师范大学教育科学学院副院长、博士生导师郭思乐教授根据他多年的研究成果以及在许多学校广泛开展教学实验的基础上撰写的学术专著。书中对生本教育的意义、概念、产生背景、哲学思考、主要观念和操作体系等进行了全面的阐述。全书贯穿了"在教育中我们必须一切为了儿童,高度尊重儿童,全面依靠儿童"的新理念,观点新颖,论述独到,内容丰富。

生本教育不只是一种模式,更是观念的彻底变革

这本书从一个教育实验说起。在一些生本教育实验学校,发现孩子们在一种自主程度很高的学习中得到了过去苦教不果的东西。印证了蒙塔古所说，在地球上所有生物中，孩子是最为如饥似渴的学习者，也如克莱恩说的"一旦我们开始根据人类的天性做事，过去认为复杂的事也都变得简单"。郭思乐教授指出：事实证明，依靠学生的内心自然发展学生的学习天性，释放学生的能量，是教育改革的一项有效的策略思考，它为素质教育提供了一种有效的操作体系，同时鲜明地体现了素质教育的本质含义。

生本教育指出，我们原有的体系基本上是一种师本的教育体系，也就是一切都是为教师好教而设计的，以教师为中心的。其实，教师好教与学生好学，两者并不等价，而且许多时候甚至是对立的。我们需要为学生设计一种以学生好学为中心的教育体系，原因很简单，整个教学的目的和教学过程的终端，是学生的主动发展，而不是教师善于教。这样一来，仅仅是零敲碎打的改革，已经不足以解决今天的问题了。基础教育的一切都是那样互相牵制，如果你想在教法改革的某一个阶段有所成就，就必须牵动教材、教法、教育管理及评价，进而指向人的观念的更新。因此，生本教育不只是一种模式，更是观念的彻底变革。

生本教育是为学生好学而设计的教育

生本教育指出，我们提倡的生本教育，就是以一切为了学生、高度尊重学生、全面依靠学生为主旨的教育，是"真正以学生为主人的，为学生好学而设计的教育，我们称之为生本教育"。生本教育的深层意义就是以生命为本。生本教育认为，教育的本质就是提升生命，而提升生命需依靠生命自身的力量。

寻找本体：一切为了学生

所谓事物的本体，是指事物的本源和本质所确定的对象的本身。生本教育指出，从事任何活动，都有寻找本体的任务，找到了本体，进入了本体的角色，我们的工作绩效就会臻于化境。否则，就有可能大打折扣，甚至南辕北辙。例如在教育发展史上，就曾经出现过许多教育离开或偏离本体的现象，出现了知识本体、能力本体、装饰本体、工具本体和教师本体等类本体。如当人们发现知识本体还远未完成任务时，于是又转向培养能力，但能力本体显然也是不够的，如同斯坦纳所说，一个人可以在晚上阅读歌德或理尔克的作品,也可以演奏巴赫和舒伯特的作品,而在早上可以前往奥斯威集中营去干他一天的勾当。事实上,我们每天都在面对教育对象,但传统观念使我们对教育对象的认识,仅仅是把它作为缺少生命的知识容器,而不是当作活生生的人。我们的教育过程并没有从教育对象的生长和生成规律去设计,从而偏离了教育对象的本体。如师本教育体系就是最大的类本体。我们把为教师的教育设计,误以为是为学生的教育设计。因此,不解决是进行师本还是生本教育的问题,不可能真正实现"为了学生"。生本教育的特征之一,就是真正认识和把握学生这个本体,学生是教育过程的终端,是教育的本体;我们要把"一切为了学生"作为教育价值原则。

高度尊重学生:儿童是天生的学习者

生本教育指出,对学生的尊重,是生本教育的本质和基本原则,其关键是从内部和外部了解学生。书中用大量事例说明人类的学习、思维和创造是先天的规定。如人在成功时获得的快乐,在自我实现时得到的高峰体验,在学习活动中获得的充实感;人对人的有益智力创造的尊崇等,一句话:学习是人的本能。

生本教育旗帜鲜明地提出:学习是儿童的天性和本能,儿童潜能无限,人人可以创新。例如:没有不爱阅读的人,一旦有了阅读,就有了非常强烈的生长。语文学习是让儿童接触生活和阅读的土壤,依靠的就是儿童的天性。

然而,学生的学习天性不能保持下去的原因之一,就是师本教育的减法思维和割裂思维。师本教育是以"人之初,性本惰"为前提的。比如规定的作业、密集的考查、一点一滴前进的课程等。儿童一旦入学,等待他们的永远是减法,是挫折和失败。

而人的知识都栖息在人的某一个整体的领悟上面,知识是一种过程,是一种领悟,是一种抽象与具体的结合物。离开了对学生的知识的实际形态的认识进行的知识设计,只能是一种所谓"针剂教育",就像我们不吃蔬菜而只打蔬菜做成的营养针剂一样。类似地,教育过程则形成"老打岔"的特征。原本学生正在品味着某种事物的意义,教材或教学却总是打岔,割裂学生认识的整体。它的效应,就如同我们在电影院里正在看着一部惊险片，电影院的老板却不时要观众停下来，听他的介绍，那是多么煞风景啊。

解决的办法，郭思乐教授诙谐地说：20世纪后半叶，人类怪病丛生，要克服这个问题，最好是"关灯，睡觉"，以此来说明教育要回归到依靠儿童的天性来做事，而学习天性的自由展现，必然带来真正的学习热情和惊人的学习效率。

全面依靠学生：人的获得最终不是依靠教而是依靠学

有人问郭思乐教授什么是教学。他说：如果你告诉学生，3乘以5等于15，这不是教学。如果你说，3乘以5等于什么？这就有一点教学了。如果你有胆量说：3乘以5等于14，那就更是教学了。这时候，打瞌睡的孩子睁开了眼睛，玩橡皮泥的学生也不玩了，"什么什么？等于14？"然后他们就用各种方法，来论证等于15而不是14。我们要把教转化为导，转化为学，把习惯中堂而皇之、正儿八经的教消弭于无形，授渔而鱼。在生本教育中强调三论：资源论、借力论和慧根论。

资源论。有一个故事，说的是一位印第安老人，赚钱后买了一辆汽车，不懂得怎么开，只好雇了匹马来拉它。这位印第安老人当然可笑，他不知道汽车本身有动力，可以用激发它自身动力的办法去开动，他沿用的还是马拉车的联动式。我们的教育沿用的教育方法，其缺点就同印第安老人一样，在于忽视了人自身的动力，同时也在于采取了缺少学生主动性的联动方式。

生本教育采取的是激发式的教育方式，学生不仅仅是教育对象，更是教育的重要资源。他既有的经验、智慧、知识和学习的内在需要都是教育的动力之源、能量之库，而且有取之不尽、用之不竭的特点。教学中要充分调动和利用学生资源，让学生活动起来，去获得知识、解决问题，把可以托付的教学托付给学生。

借力论。功夫最精深的武师，把打斗对象的力量看作是自己的资源，当对手冲来时，顺势轻轻一拨，就达到了四两拨千斤的效果。我们从武术智慧中得到启示，学生学会任何东西，最终都要通过自己的内化，这个过程不是教师完成的，而是依靠学习者自己有成效的学习得来的。

生本教育指出：传统的教育习惯使我们很难适应这种甜蜜，我们会由此产生一种似乎我们教得太少的负疚感。我们有时候如同某学校的厨师一样，每顿菜都做得咸，原因是他认为算了成本的盐必须全用上。而生本教育认为，学生是学习的中心，教学的最高境界是教少学多、无为而为，要将教者的所有活动转化为推动学生得以自己学的力量，从而实现不教而教的教育境界。

慧根论。生本教育指出：教育教学的问题在于师本的设计总是忽视了实体的活动和人作为有机体的特征，而把教育过程转化为可灌输的条文或步骤，以为这样就可以让学生整体地把握需要认识的客体。这表现在对教材的过度分析。但实际上有许多事物，是要依靠人的感悟、感知、理解或直观来加以把握的。而如果用分析的方法，"当毛毛虫要说清楚它的每一步是怎样走的时候，它就寸步难行了"。

生本教育认为：学习的核心部分应当是感悟。人固然可以训练，但动物也可以训练，而感悟、创造则只是人才能做到。仅仅依靠训练，不能有所创新，创造性不能训练出来。因此，有利于学生的感悟和依靠学生的感悟成为生本教育的显著特征。

要使得学生获得更多的有质量的感悟的一个条件，就是我们不要代替他们感悟，而要为他们的感悟创造条件。这要做好一件事，即寻找根基、慧根。人人都有慧根，具有根本、简单和开放的特性。使整个教育变成有根基、有时间、有空间、有势头的孩子们的成长过程，孩子们就能享受大自然给他的全部机会。

生本教育还孩子一个春天

《教育走向生本》自2001年由人民教育出版社出版后，受到广大读者的热烈欢迎，连续重版，作为学术著作，这种不胫而走的发行情况是罕见的。我想一是因为这本书没有一般的学术专著的晦涩难懂，而是处处闪耀着作者的教育智慧和对人性的透彻认识，许多蕴涵深刻哲理的故事更是反映大道至简。二是因为无数的生本教育实践者在深入的探索过程中，每天都看到了生命的神奇与美好，从而坚定了对这一理想境界的追寻。

放下书，脑海中难忘这样的情景：环顾四野，鸟在鸣啭，花在开放；一头鹿，生机勃勃，充满活力，灵活敏捷。郭思乐教授指出：自然界的一切是如此完美,玫瑰不用去思考自己该如何美丽,人为什么不行呢?人也是自然的一部分,处在合适的周围环境中,他根本不必关顾自己,它的能量没有被任何别的目标所挥霍和涣散,学生得到充溢生命状态的自然、活力和喜乐,从而走向卓越和高级,走向纯洁与透辟。我的耳边还响起郭思乐教授平静而震撼人心的话:我们"登东皋以舒啸,临清流而赋诗",告诉我们的国家、我们的人民,教育可以如此简简单单地做,而学生却可以学得如此精彩。

生本教育,还孩子一个春天。

看似寻常最奇崛

生本教育走过近20年的历程。很多时候，只要有机会，我都会去听郭思乐教授的报告《教育走向生本，教育激扬生命》。报告的主题不变，却从来不觉得重复，一是每次听都有新的内容；二是每次听都会有新的感悟；三是在行动过程中的困惑，在再次听报告的时候得到突破。可见郭教授的生本教育理念博大精深，回归教育的源头，是一个系统工程。所以平时，我也会常翻阅他的几本书《教育走向生本》《教育激扬生命》《谛听教育的春天》等，从中汲取教育智慧和力量。

我最喜欢其中的两个小故事，我认为是对生本教育近20年的历程和生本教育本质的经典概括。

故事一：为了这句话我花了20年。一位妈妈带孩子到医院看内八字脚。病人很多，等了两个多小时，终于轮到他们母子俩。这位妈妈赶紧把孩子的情况跟医生说了说。只见那位医生仅仅望了望孩子的脚，说：把两只鞋子反过来穿就行了。孩子的妈妈有些生气，着急地问：怎么我排队排了两个多小时您就这一句话？医生不紧不慢地回答：知道吗？为了这句话，我花了20年！讲这个故事时，郭思乐教授眼里闪着光芒，生本教育是他一生的研究成果。他说：我们要用生动的实践，告诉我们的国家、我们的民族、我们的人民，教育可以这样简简单单地来做，但学生能够学得无限精彩。我有些感动，正如诗云：看似寻常最奇崛，成如容易却艰辛。

故事二：我不说，你先说。一位广东五华人，名字叫李广鲜。开车违章，被警察截住问话：你是哪里人？答：我唔话（广东话五华音，意思是：我不讲）。警察再问：你叫什么名字？答：你讲先（广东话"李广鲜"音的意思是：你先讲）。警察被弄糊涂了：这人怎么回事？问他姓甚名谁，却说出这么奇怪的话。其实，在我们的教育教学中，"我不讲，你先讲；我不做，你先做"，是一种依靠生命的智慧。因为，教育的本质就是提升生命，而生命的提升最终依靠生命自身的力量。

  这让我想起一件事。记得儿子三岁时，有一天买回一副拼图，从拆包装袋到摆图，我一直在忙乎。儿子早已等不及了，口中嚷嚷："我自己来。"我说："你又不会弄，我弄好给你吧。"可孩子固执地坚持："我自己来。"孩子爸在一旁忍不住插话："你为什么不生本一些呢？先让他自己来，不会时你再帮他不是更好？"一语点醒梦中人。这是我们常常犯的一个错误。我们的这种我先说、我先做，就好比蒙上孩子的眼睛，一旦没有了我们的眼睛，孩子的眼睛还能有第一个发现吗？就好比代替孩子思考，一旦没有我们的头脑，孩子还会产生自己的第一个想法吗？当未来的工作、生活和挑战来临，孩子还会有自己的第一个发现、第一个想法和念头吗？因此，平日里我们需要坚持："我不讲，你先讲；我不做，你先做"，这是一种勇气，也是一种智慧，是对生命的一种信任和尊重。体现在生本课堂、生本管理、生本活动上，就是一句话：有困难，找学生。

  两个小故事，短小凝练，意蕴深远。

  许多人问我，什么是生本教育？多年的实践探索，我归纳为以下四点。

  生本教育是为学生好学而设计的教育。生本教育提出"一切为了学生，高度尊重学生，全面依靠学生"的教育理念，将过去为教师好教而设计的教育转变为为学生好学而设计的教育，教学要从主要依靠教转为主要依靠学，教育要从控制生命转为激扬生命。一切为了学生是生本教育的价值观，学生是教育过程的终端，是教育的本体；高度尊重学生是伦理观，关键是从内部和外部了解学生。在教学过程中，教师要尊重学生的独立见解、思考发现，理解学生的思维火花。全面依靠学生是行为观，要认识到学生是教育教学活动的重要资源，学生将在某种教育生态环境中蓬勃发展，教师就是要艺术地调动学生的潜能，教师是为学生主动发展和终身发展服务的。

享受│生命的神奇│和美好
生本教育的思考与实践

生本教育依托人的生命自然，使教育激扬生命。生本教育是对儿童的重新认识。儿童起点非零，他们是人类亿万年发展的精华，如果把他出生的那一天看作是起点，那么他们的起点不是一天，而是亿万年加一天。儿童是天生的学习者，拥有强烈的学习天性和发展潜能。提出了教育的本质就是实现生命的提升，而生命的提升最终和基本上是依靠生命自身的力量。生本教育体现了对人的生命价值的尊重，对人性的信心，对人无限潜能的认识，体现了平等意识和追求人的全面发展。

生本教育倡导课程与教学的再造，唤醒人的天性和潜能，做到三个"必须"。

必须树立"小立课程、大作功夫"的课程观，教给孩子的基本知识必须精简，而腾出大量时间给学生活动，实现教少学多。

必须重新认识教与学的关系，认识到教师的核心作用是组织学生自主有效地学习。传统教学以教师传授为主，课堂存在以课室为中心、以教师为中心、以课本为中心的情况，忽视学生创新精神及实践能力的培养。这种单一导向、被动学习的方式，如工厂生产产品一般，使学生感到枯燥乏味，负担很重。学生作为具有主动性生命形式的人，能够不断地"更新"，不断地超越自我。教育必须转换引擎，从被动的教转化为主动的学，从主要依靠教转化为主要依靠学。

必须将教师的教学策略由重知识传授向重学生发展，由重教师"教"向重学生"学"转变，由重结果向重过程转变，由统一规格教育向差异性教育转变。切实改变以落实"知识点"为中心的教学方式，转变为重视教学的"生活意义""学生学习能力"。这从根本上体现了教育的本质要求，是对教育规律的最本质的反映。

生本教育带来新的教育生态，带来人才培养的根本变革。在生本教育实践中，强调把学习的权利还给学生，让学生真正成为自主发展的学习主人。一旦依靠儿童，实现教学的交付，让学生自己活动起来，去获取知识，去解决问题，把可以托付的教学托付给学生，这一新理念、新方法，使学生处在真正自主的状态中，潜能得到激发，天性得到张扬，释放了学生能量，形成了新的教育生态，基础教育的许多问题，如减负、教师苦教、学生苦学、高分低能、创新能力缺乏等问题就能获得较好的解决。

第二章　遇见：生本教育，激扬生命

人人都是天纵之才

郭思乐教授对天河是有感情的

20年前，生本教育起步于天河，20年后，生本教育在全国各地开花结果，而且已呈星火燎原，各地生本教育从幼儿园、小学做到了初中学、高中、职中；从高深的理念到真实的课堂，从学科教学到教育研究，从生本到生命的思考；从个别学校到区域推进，如有的地区将推进工作作为基础教育重点工程建设而写入了当地政府工作计划。生本教育深入人心。正如有人说，生本教育就是教育的本质。这话一定是对现行教育的弊端和生本教育的精髓有深刻认识以及研究的人才说得出来的。

好不容易邀请到郭思乐教授和李巧萍主任与天河区践行生本教育学校的校长见面。大家相谈甚欢。听郭思乐教授讲话，正如他的文章，山花烂漫，简单深刻，温暖心怀。

找着北

席间，天河区的校长们对他纷纷表示感谢。郭教授说最近有一位湖南的网友北极熊在他的博客留言，苦于当地没有人知道生本教育是什么，当地孩子学得很苦。教授回信，把北极熊变成北极星吧，北极星的好处是知道了北。我知道教授的话大有深意。知道了北，也就是找着了北。天河区有不少学校在早期便开始生本教育实验，一直坚持至今的学校无不感受到生本教育带给大家对教育、对孩子的深刻认识和思考，学校发生了翻天覆

享受 生命的神奇 和美好
生本教育的思考与实践

地的变化。

寒假我见到我师范学校的老师——陈成祖校长。我们谈起对教育的看法，这位从事教育近40年的老特级教师有些激动：应试教育再这样下去是不行的，他自己的孙子在某重点中学重点班，越读越抑郁，越读越痛苦。我跟他说起我们正在做生本教育实验，就是顺应天性，让每个孩子快乐起来，素质高了，成绩就不是问题了。他听后非常欣赏，告诫我：一定要坚持下去，不要受任何干扰。这让我特别感动。

我非常赞成全国教育学会初中专业委员会李锦涛先生说过的话：生本教育必将成为实施素质教育的主流。因为生本教育是解决应试教育弊端的根本出路。生本教育有前瞻性、科学性、可操作性，完善的操作模式和体系。生本教育具有三个特点：一是最早提出摆脱应试频考文化，知识点的碎片化分析应化解在生命的整体的领悟之中；二是进行课程整合和教材重构，以便真正适应学生；三是深信上述自然的方式可实现把人培养到极致，它实际上是创造了条件，让被培育者尽享大自然允许他的全部机会。这么多年的生本教育实践，我看到了并且深信不疑：人的培养模式要走向彻底的变革和创新，人的发展可走向极致。

生命是神秘的

教授看人的眼力犀利，除非他不开口，一开口绝对让人心里佩服。一次吃饭点菜时，一位部长每说完一句话就会耸耸肩膀嘴里哼哼一声，教授问他以前是否是英语老师。这位部长大为惊讶，感觉遇到知音，还说以后来酒店吃饭就耸耸肩哼哼一声，他就吃饭打折。大家听了觉得有趣。另有一件事，郭教授断定他到俄罗斯留学时的同房将来一定是某知名大学的校长。多年以后郭教授的预言真的实现，大家都觉得教授料事如神。

席间，几位校长闹着让郭教授看看最幽默的谢校长将来会有怎样的发展。因为刚才谢校长讲话时比划了一个手势，教授判断他是教数学的，太准了。教授定定看了谢校长几秒，然后微笑着说：不能说，天机不可泄露。他说：生命的秘密不要轻易点破，泄露了就糟糕了。例如生男生女是本不该知道的，知道了就糟糕了。生命是神秘的，这正如生本教育认为人人都是天纵之才，教育要依靠人之初性本善来学习，教育要尊重生命，依靠生命，静待花开。

为了祖国的春天甘愿到远方

校长们谈了各自学校生本实践带给大家的喜悦，很多坚持了 10 年以上。有个学校因为一位老师的坚持，多年后看到学生爱学乐学的表现而全校开始推广生本教育。听着这些分享，郭教授目光炯炯，哼起革命老歌，其中的两句他说他最喜欢："为了祖国的春天，我们甘愿到远方。"

我知道他的感受，现在除了西藏和海南地区外，全国各地都有了生本教育学校，他每周跑好几个城市或乡村，了解实验学校工作的进展情况或解决研究中的问题，郭教授常常说他现在做的只是为国家教育探路。

生本教育可概括为在教者帮助下最大限度地促使学生自主学习的教育教学方式。它因最大限度地尊重和保护、激扬、发挥学生的学习天性、潜能、本能，使学生获得德、智、体诸方面发展的最大的生命成长的享受：快乐学习、素质发展、成绩优异，保护了学生现实的与长远的可持续发展的利益。

生本教育作为九五、十五、十一五规划教育部重点课题，是以课堂为核心，含课程、教材、教学、德育、评价、管理等全方位的历时 13 年的、在 27 个省市城乡贫富地区开展实验取得重大成效的教育研究成果。生本教育是国家教育改革的成功探路工程，它解决了素质教育问题、减负提质解放师生问题、教育均衡问题、择校问题、教育安全问题、教师激情提升问题及培养实践能力及创新能力的人才等问题，为国家教改提供了良好的理论体系和实践方案选择。

我也想，生本教育是教育的春风，带来了教育的春天。

把幸福进行到底

春节期间收到信息,《人民教育》杂志要把生本教育创始人郭思乐教授作为封面人物,教授苦于没有十分满意的照片,问我有什么好建议。我说:几个老师围在教授身边听教授阐述他的专著《天纵之教》,就像当年孔子的弟子围着老师听孔子讲学一样,可否?后来因为找到了满意的照片,这个建议就放下了。但我一直记得这件事。这次,有幸跟随郭思乐教授一起到中山、顺德四所学校走访交流,听他对学校、老师、课堂的点评,又引发我这种奇妙的感觉和联想。

要抓住教学的核心

佛山市顺德区聚贤小学是第一站。学校地处顺德中心,建在一个小山头上,环境优美,视野开阔。见到陈校长和老师们,特别高兴,因为他们曾多次到我们学校来交流学习生本教育,所以大家都是老朋友了。校园里印象最深的是有几棵高大的木棉树,正是初春,树干光秃秃的,但我们知道每个枝头都汇聚着蓄势待发的小花蕾,只等暖风一吹就骤然绽放,想起这所学校的老师做生本教育的坚决态度,就像那里的木棉树一样坚韧挺拔。

首先,我们分别到课室听了语文、数学和英语各一节课。聚贤小学教研室的杨老师上的一节六年级语文"山中杂记",是一节生本课,看得出他长期坚持,路子对、方向清,对生本理念有很深的认识和感情。

接着,大家围坐一起评课,探讨生本课堂应该具备的特征。以杨老师的"山中杂记"为例,生本课堂的基本要素都有了,如三部曲:个体先学、小组交流、全班汇报。但如何把核心性的学习还给学生,就要注意以下几点。

一是要重视课堂的生成。比如课堂上,让孩子们自己读、自己说的过程是很好的,其中有一个环节是学生由课文联想到生活中的乐趣,有个孩子说,他喜欢读四书五经,知道古人生活简单,没有现代人的电脑汽车,但是却比现代人开心。而老师就抓住这个说法作为课堂"宽研究、深阅读"即能引发知识生长的地方,带着对问题的思考开展广泛的阅读与研究活动,这样就能将最有代表性的如竹林七贤、陶渊明等名士的生活态度和相关的诗歌辞赋、故事典故等带到课堂上来。因此在读课文、谈感悟时,不要只是问喜欢哪一句,而要说喜欢哪个地方,这样给孩子的空间就会大一些。而要真正达到推动大阅读的目的,还不仅仅只是让学生"用自己的话来说",更要鼓励他们引经据典地说、大段大段完整地说。

想起有一次,我听苏老师语文课"植物妈妈有办法",同学们谈起大自然中的动植物的种子传播方式,真是滔滔不绝啊!从苍耳到蒲公英、到冬虫夏草,孩子们兴趣盎然、积极热烈。刚上二年级的孩子谈起读书,人人都有喜爱的书籍,40个孩子就有至少40本书,从《十万个为什么》,到《森林报》,孩子们带来的诗篇有很多,五花八门,篇篇可赏可喜。在那堂课上,那些刚升上二年级的孩子们的表现被来自各地的同行评价为:甚至超过了四五年级的学生。学生的出色表现和阅读素养,其实是因为有大阅读作为基础的。

过去的语文教学就是分析,什么都是老师预设好的,一篇文章被肢解掰碎,使人难以认识整体,还把生命的欢欣和成长丢掉了。生本语文的基本做法有两个步骤:一是一般解决,达到"好读书不求甚解",读懂就行,解决字的问题;二是深度解决,所谓"每有会意处,废寝忘食"。由课文跳到相关的地方,"人人有点,点点有思,思思有文,文文可喜",即读一篇课文,要做到人人有思考点,每个思考点要与阅读相结合,做到发言时人人引经据典,让人赏心悦目。生本语文的精彩在于动用了原生命力,把生长变成了语文。我们让孩子接触的土壤就是生活和阅读,一旦有了阅读,孩子们就有了非常强烈的生长愿望,这是原动力,是原生命力,促使每个人都能学好语文。

为什么要少分析课文呢？因为变成知识不难，就像打拳，一拳打出去的方法要变成描述，可以变成很多条文的东西，但是学语文并非描述事情的一二三四五。一百年前学语文就是靠读书。明白了这个指导思想，语文就是讨论读书。语文课要从语文分析变成语文实践，这样就能改变很多东西。

老师们要把核心性的学习还给学生。什么是核心性的学习？就是老师要帮助孩子找到所学的知识与他们的心灵和生活接壤的通道。儿童有自己的学习框架，是大自然的赋予。我们就依靠这种大自然所赋予的机制做教育，一定行。

考点思维的课堂不可取

我们又到了中山濠头高中。谢柏祥校长拿出他们全校正在展开大讨论的"中山市濠头中学生本课堂流程——学习讨论材料"，告诉我们他们学校开学初就开展了生本教学的大讨论，除列出生本教育的基本流程，个体先学、小组交流、全班汇报各个环节要达到的目标和基本做法外，还对老师们出现的困惑十几二十条，一一做了解答。谢校长说这些都是他一点点写下来的，希望达到的预期是全校老师都能运用生本教育的方法组织教学，做到"人人下深水，期末不呛水"。他说全校推广生本教育必须先有一条水泥路，或者给老师们一个救生圈、一根木头，有了这样的开始，今后必将走向完全自主自由的境界。

针对中学的情况，大家展开了讨论。一是对于每节课都要达标的问题。郭教授说高考是要的，现在的问题是实施的途径如何，要用"生本"的途径而不是"师本"的途径去实现。"师本"的途径是题海战术，就像小白鼠咬尾巴，永远咬不到。为什么咬不到尾巴？原因是太快了，解决的办法就是心静，心静下来就可以咬到了。就像语文，要孩子练的考点是什么？几乎都抓不到，只能靠书读得多，字写得多，就能用大阅读、大思维、大活动去覆盖考点。长远的考点要考虑，但当堂的考点要注意，因为关注考点就失去人、失去人心。我们的做法是关闭考点，非诚勿扰！就像学《六国论》，不仅仅是理解字义文意，还要去读《过秦论》《阿房宫赋》；不要去分析字、词、句、段、语法、修辞、逻辑，而是要让孩子实践语文，学原汁原味的文字，与思想的、文字的源头相遇，考试就不一般了。二是关于各学科课程紧，没时间做前置性先学问题。可以考虑腾出一个下午让学生自学，将各学科的"先学"集中一个时间给学生自主安排，准备好了再上课。我觉得这是一个很好的思路。

后来还到了中山市侨中英才学校，见到彭副校长。他曾带领老师到我们学校蹲点，这次相见倍感亲切。校长雅子高兴地说：做生本教育很好，现在做到四年级了，四年级学生表现非常突出，继续做生本教育没有什么困难。郭教授听了高兴地说："把生本教育进行到底，就是把幸福进行到底。"大家听了，都会心一笑。

这次考察，每到一所学校，教授都是这样对待的：对于生本教育实践，教授不是去告诉方法，而是谈人性，谈自然，一语中的，直指核心，让人豁然开朗；对于一些微词，一些担心，郭教授不急不躁，娓娓道来，把人引向开阔，要大家不要拘泥点点眼前小利，而是要着眼于未来和人的长远发展。这让每一个人深受感染。我好奇地问郭教授为什么有那么神奇的力量？郭教授说：我没有什么，有的只是真诚。不是强行要大家做生本教育，而是想告诉大家有这样一条简简单单的道路，可以使人的培养走向极致。

有人评价郭思乐教授的报告和讲话是"六畜兴旺，五谷丰登"。郭思乐教授总是从信手拈来的小小故事谈他对教育、对人的看法，从小猪想到"毛估估的智慧"，从小牛想到青蛙博士的"排比课"，又从苹果树谈到不能月月开花的道理。无论是生活常识，还是自编的寓言，都是为了说明教育不应违背生命自然生长的基本规律。我想这是因了对人性、对自然的参悟才有的睿智。

听君一席话，胜读十年书！我想：我们就用真心、真诚实践教育的回归，把幸福进行到底。

享受 生命的神奇 和美好
生本教育的思考与实践

罗浮山下话生本

罗浮山下四时春，卢橘杨梅次第新。
日啖荔枝三百颗，不辞长作岭南人。

这是诗人苏东坡被传诵千古的名篇。罗浮山就在惠州市博罗县。在春暖花开的时节，我有幸参加了在这里举办的"以生本教育促进教育均衡发展暨全国生本教育研习班"。这次活动，除了惠州市和博罗县领导到场祝贺和讲话外，还有广东省教育厅副厅长朱超华也来了，更有不少大名鼎鼎的专家，如国家教育发展研究中心的谈松华教授，国家督学、《人民教育》杂志主编傅国亮等都做了讲话和报告。生本教育创始人郭思乐教授做了专题报告。几位专家、领导的报告令人振奋而鼓舞。

生本教育12年来蓬勃发展，在《人民教育》杂志的推动下，现在已经在全国27个省市发展，形成了完善的理论和操作体系。生本教育在博罗县8年，虽历尽艰辛，却丰富了生本教育的研究成果，成为当地发展教育的抓手。以生本教育促进教育均衡发展是惠州市十二五规划目标之一。当地以生本教育促进教育均衡，实现从起点公平到过程公平的转变，是全国第一个试点城市。

一直以来，教育的状况令人焦虑。一方面，为什么越改革问题越多？如违规补课、办重点班等。下达的文件成百上千，却屡禁不止，问题不断出现。另一方面是教育往哪里走，出口在哪里？教育均衡的落脚点是公平和质量，基本走向是高位均衡发展。大家为此想了很多办法，却没有成效。广东省副省长宋海曾亲笔签字支持生本教育这一本土研究成果。博罗县以生本教育促进教育均衡发展，是崇文重教思路的重要举措。当地教育部门率先实践，是省内少有的国家级研究项目。生本教育和惠州教育两者结合，是天然、有机、完善的结合，生本教育理念是很好的种子，惠州是很好的土地，一定会长出好果子。

2008年，《人民教育》杂志发表了《郭思乐和他的生本教育》长篇通讯后，在全国刮起了生本教育旋风。当时许多人纷纷到广州学习生本教育经验。贵州仁怀市先后两批70多名校长到广州学习生本教育，号称是仁怀市教育界历史上最大的"空运行动"。生本教育是中国教育转型时期的标志性理论之一。现在，我们国家正站在历史的新起点上，我们的教育发展也进入了由数量发展到质量提高的阶段。

历史转型时期都有标志性的东西：理论和制度。就像改革开放时期邓小平理论和市场经济、民主政治制度的转变。今后10年两大任务：教育公平均衡和提高质量。而从全国来说，促进均衡只有时间表没有路线图。生本教育促进教育均衡的项目体现了内涵发展的需要，提出的儿童观、学习观、教师观、教学观、德育观和课程观等，是彻底的，具有科学性、深刻性和系统性，不像有些理论只是流于形式。生本教育是素质教育的主流理论和实践模式，符合当前的主流教学价值观：从以教为主到以学为主，由应试教育到素质教育。更难能可贵的是生本教育的实践特征具有本土化和特色化，不是限于学科教学，而是发展每个孩子，所以具有强大的生命力。

全国生本教育研习班，我参加了许多次，这次明显感受到生本教育得到的评价是最高的。我深切感受到生本教育从过去校长、老师的自发行动，到现在的区域推进，并得到当地政府和教育部门的大力支持，是非常大的跨越式发展。

在博罗遇到了许多老朋友。我见到了沈阳市教师专家协会、全国教育学会初中专业委员会的李锦涛先生和刘长青主任，他们都是教育界的名人和老前辈，他们都曾经来我们学校指导过，说起在香港真道书院见到我的照片，大家倍感亲切。刘长青主任特意送给我他们编写的一本教育内参，在生本教育专栏里还有我的一篇《美术课也可以生本》的听课感悟，令

享受 生命的神奇 和美好
生本教育的思考与实践

我十分感动。会议期间，两位老前辈比任何人都认真，坐在最前排，认真倾听每一位发言者的讲话。

我还见到了博罗县罗阳第二小学的许校长，他也是坚持生本教育多年的校长。这次到罗阳第二小学听了两节课，虽然课的设计还有改进的空间，但确实是非常有生本理念的课堂。看到那些乡下的孩子表现出的自信大方和思维表达的流畅让人惊喜。这看出学校一直坚持生本教学和研究带来的师生的巨大变化。

罗阳第二中学也是做生本教育多年的学校。刘校长说自己刚到这个学校时，看到学校的落后状况，着急得头发都白了，于是决心做生本教育。几年下来，头发又由白变黑了。听了大家都称奇。从他身上，我感受到了一线校长做生本教育的快乐和渴望。

还有许多校长、老师见到我，也谈他们的一些思考和困惑，我觉得都是我们早期做生本教育时遇到的困惑，有些也是我们至今在实践中探索和研究的问题。

生本教育是一条越走越宽广的道路，实践生本教育没有止境。这样的研习活动，大家相聚一起来探讨改革的方法，不如说是来学习教育理念；来学习教育理念，不如说是来学习爱孩子、爱教育的情感。

第二章 遇见：生本教育，激扬生命

改革创新，回归教育本质

2003年8月，我接到天河区教育局的调令，来到广州市人口最密集的大型楼盘之一骏景花园的骏景小学。刚到的时候，学校开办一年，学校操场上的树才栽下不久。2015年8月后，当我离开这个学校时，校园里已是绿树成荫了。

12年来，我们在"专家引领、科研支撑、骨干先行、氛围推动、全员参加"的基本思路指导下，开展基于生本教育理念下的以人的发展为核心的教育变革，由此形成学校鲜明的办学特色，并在全国各地产生了广泛的影响。

生本教育的内涵及实施背景

生本教育就是从过去为教师好教而设计的教育转变为为学生好学而设计的教育。其内在核心是"以学生为本，以学为本，以生命为本，尊重生命，尊重自然，将需要或能够托付给学生的教育，不加太多的修饰和框架交还给学生"。这既是一种方式，更是一种理念。生本教育的原则是"一切为了学生，高度尊重学生，全面依靠学生"。生本教育的内在核心是"以学生为本，以学为本，以生命为本"。生本教育与素质教育的内涵相吻合。教育中的以人为本，就是以生为本，生本教育就是实施素质教育的一种有效模式。

国家基础教育改革呼唤教育走向生本。1999年，中共中央、国务院《关于深化教育改革，全面推进素质教育的决定》指出："全面推进素质教育,要坚持面向全体学生,为学生的全面发展创造相应的条件,依法保障适龄儿童和青少年学习的基本权利,尊重学生身心发展特点和教育规律,使学生生动活泼、积极主动地得到发展。"全国十二五《教育规划纲要》指出:"要坚持以人为本的核心理念,高举育人为本的旗帜,以实现人的全面发展作为教育发展的至高境界,正本清源,进一步明确教育发展的价值取向。"从纲要的核心精神中,我们认识到,教育本质功能的回归,应当鲜明地体现在两个关键点上:一是要把促进学生健康成长作为学校一切工作的出发点和落脚点;二是要关心每个学生,促进每个学生主动地、生动活泼地发展,尊重教育规律和学生身心发展规律,为每个学生提供适合的教育。2003年,作为刚开办一年的学校,在天河区教育局的领导下,骏景小学也加入新课程改革试验区的改革实验中,以生本教育推进学校的教育改革与创新,成为学校发展的主旋律。

改革开放的前沿阵地是生本教育应运而生的沃土。学校地处广州市天河区人口最聚集的大型社区之一骏景花园内,这是一块人杰地灵的土地,南临珠江,北望奥林匹克体育中心。1995年前,这里还是一片肥沃的农田,1997年后,一座现代化的、近五万人口的大型时尚社区拔地而起,未来几年,一路之隔的南边将兴起新广州金融城。可见,这里是广州改革开放的缩影。花园一成立,就定位于"精英之城、文化之城",吸引了无数从全国各地到广州发展创业的社会精英在此定居,有的是海归,更多的是自主创业者。改革开放为生本教育的实施提供了广阔的空间和舞台。

生本教育诞生之初就引起广泛共鸣。1999年,华南师范大学博士生导师郭思乐教授提出生本教育理论的研究体系,其核心是要让儿童取得真正意义上的主体地位,最大限度地依靠儿童的内部自然天性来进行教育教学,让我们看到了孩子是这个世界上最为如饥似渴的学习者,一旦我们开始根据人类的天性做事,过去认为复杂的事也都变得简单了。一时之间,生本教育得到粤港澳多地有识之士的高度共鸣。我校有幸加入了这一全国教育科学十五规划教育部重点研究课题——《生本教育理论和实践体系研究》,成为生本教育子课题实验学校,为实现科研兴校、生本立校奠定了坚实的基础。

让师生创造自己的学习(教育)生活,是学校实施生本教育的美好愿景。学校开办之初，天河区教育局就提出了一流的环境、一流的师资、一流的质量的"三个一流"要求，作为学校的带头人，我认为要办一所好学校就要走改革与创新的道路。2003年，我和新组建的学校班子成员以敢为人先的勇气，带领全体教师以理性的激情投入到生本教育的行动中，希望通过共同的努力，扭转应试教育带来的弊端，改变教师教得苦、学生学得累的教育现状，使教育回归本质，从而真正解放教师、解放学生，让教师有幸福的教育人生，还孩子快乐的学习生活。

实施生本教育的基本思路

学校开展生本教育实践研究近12年来，从两个实验班开展生本教育，到现在全校教学班开展生本教育；从语文、数学两个学科开展生本教育，到现在各个学科都可以开展生本教育；从课堂教学开展生本教育，到学校管理、课程教法、学生活动、教师队伍建设等全方位开展生本教育。按照"专家引领、科研支撑，氛围推动、骨干先行，全员发展"的基本思路，我们逐步实施了生本教育特色建设。我们希望通过扎扎实实开展生本教育研究，改变教师的工作状态，把教师从繁重琐碎的事务中解放出来，提升教师的生命质量。同时，在教师的帮助引导下，使学生积极主动地参与学习、参与管理和实践活动，养成善于观察、学会发现、分析和解决问题的科学学习方法和思维方式，从而走上学会、会学到乐学的自我发展与提升的良性循环的道路。

专家引领，落实生本教育理念

实施生本教育，教师的观念一定要与时俱进，要不断地更新。这些年来，我们曾多次邀请郭思乐教授为全体教师作生本教育的专题讲座和指导，邀请生本教育专家做我们常年的教学顾问，聘请生本名师给我们做经验介绍，坚持生本理论书籍的学习讨论、开展教学研讨活动、举行生本教学专题沙龙等。在专家的引导下，通过形式多样的学习培训活动，使教师逐步认识到"师本"与"生本"的本质区别，生本教学的理念不断深入人心，被越来越多的教师所认同并在教学中很好地实施。

科研支撑，建构生本教育模式

为了推进生本教育研究，在十五、十一五期间，我成功申报了全国教育规划子课题或省级立项课题,如 2005 年,我就主持申报了"以人的发展为核心,推动学校的教育教学发展研究",2007 年申报了"生本教育理念下学校教学管理研究",2008 年申报了"新课程背景下学校管理制度的研究"。生本教育研究和实践教学活动不断向纵深推进,逐步建立了具有学科共性的生本教学模式。在教学方法上,鼓励先做后学、先学后教,教少学多、以学定教,直至不教而教;在教学策略上,采用个人先学、小组交流和全班汇报基本流程;在课程方法上,鼓励"小立课程,宽着期限,大作功夫"的课程整合思路,抓住教学的根本,使自主学习、合作探究的课堂教学成为现实。在生动的实践中,教育教学发生了巨大的变化,更多的教师对生本教育从半信半疑、将信将疑逐步走向观念上的坚信不移、行动上的坚定不移。

骨干先行,树立生本教育典型

实验初期挑选了三名老师作为实验老师,以后逐年增加两个班,参与实验的老师逐年增加。作为校长,首先带头,所有行政人员参与,大家组成研究小组,每周开展常态的教研活动。实验老师的课堂一改过去沉闷被动的局面,变成积极欢乐、高质高效的课堂,让大家无比振奋。于是学校积极为这些先行者提供平台,组织全校教师观摩他们的课堂,让这些老师做成功的案例分享。榜样的力量是无穷的,于是有越来越多的年轻教师、骨干教师积极主动地走进生本教育的实践行列。

氛围推动,培植生本教育土壤

为了让老师们了解生本教育、实践生本教育,使行之有效的生本课堂模式得到推广,学校成立了"生本教育研究工作室",负责生本教育经验成果的总结和推广宣传。同时,出台了生本课堂评价标准、生本教学单元备课指南、各类生本课型的指导意见等一系列的教学制度和规范,积极营建"自主、分享、开放、创新"的课堂教学模式。同时,与全国各地生本学校建立广泛的交流联系,如首都师范附小、南京师范附小、山东淄博实验学校、香港真道书院、澳门劳工子弟学校等,相互学习借鉴,形成了浓厚的研究学习氛围。

全员发展,夯实生本教育基石

一个孩子快不快乐,取决于课堂;一个学校教育教学质量高不高,取决于课堂。为使所有的课堂都能实现积极欢乐、高质高效，为使所有的孩子体验自主学习的快乐，光是拥有名校长和名教师是不行的，我们努力做到了"四个全体"：全体行政人员参与、全体教师行动、全体家长支持、全体学生受益。从2008年开始，提出人人都上生本课、人人都下"深水区"的尝试，这样一来，改变了以前的大型研讨课总是由少数骨干教师包揽的现象，出现了大型的公开课轮着上，人人都有机会，人人得到发展的格局。借生本课堂的平台，使高深的理念变为可操作的模式，使生本教育的研究有了许多创新和发展。

第三章
思考：读懂孩子，发现孩子

题　记

三月初的广州，每天都有一些雨，淅淅沥沥的雨，又或是毛毛雨。我最喜欢那种满天飘舞的微雨，每天早上出门，要不要打伞让你有些犹豫：打伞吧，似乎有些多余；不打伞吧，那些雨雾即刻涌向你，头上、脸上马上蒙上一层水雾，湿漉漉的。没有懊恼，却是欣喜，要知道地上泛出的嫩绿和枝头冒出的新芽，以及树梢上怒放的花，都来自这雨的恩宠。于是，你就想成为这大自然中的一部分，即使是一株小草！

最爱空中飘来的芳香，无须刻意，只要放缓脚步，路两旁的芒果树，花开满枝，淡黄淡黄的，树太高，花太小，根本看不清花长什么样，但是每一个枝丫上都冒出那么一簇，浓密恣意地开着，连树下都铺上一层小米粒似的花瓣。轻踩落花，带着满身花香回到学校。

刚进校门，迎面扑来橘子花香，带着润和甜，在比人还高的橘子树前，那花小而洁白，像害羞的孩子躲在绿叶下。凑上去闻一闻，好像并不是太香，离开一些，呀，那种清香没法描述却沁入心田。我知道，美好的春日就此开启，正是：

春花春草，春光满目生微雨；
本真本色，美的极致是自然！

第三章 思考：读懂孩子，发现孩子

成长无可替代，生命靠自己长大

我喜欢看中央电视台节目《动物世界》，一天正好看到其中的一期节目，题为"生命"。讲的是生活在巴西的一种黑帽悬猴，它们生活在岩石上，属于高智商的猴子。它们生活的居所岩石显得斑斑驳驳，不是大自然的作用而是生活在此的猴子所为。为什么呢？原来，那些黑帽悬猴最爱吃一种坚硬的椰果，它们采摘到成熟的椰果后会用锋利的牙齿撕开外壳，让内壳在太阳底下暴晒至干，然后把内壳拿到岩石上，用一种巨大的、比岩石更坚硬的鹅卵石来砸椰果内

壳。砸开后露出的油油的果肉是它们最爱吃的。猴子两脚直立，双手紧握石头，高举过头顶，对准椰果就砸的动作，像极了人类。

最好笑的是那些小猴，要学会独立就要模仿父辈的动作。但这个过程并不是一帆风顺的，有的猴子还很小，只懂得拿起很小的石头来敲打坚硬的椰果，就像玩玩具，当然它们自己是不可能砸开椰果、吃到鲜美的果肉的；有的年长一些的猴子拿起大一些的石头，往下一砸，椰果掉下岩石被别的猴子抢走了；有的才砸下去，椰果没砸开，石头却滚落岩石下……诸如此类的挫折不断出现。它们要真正掌握高超的技巧、吃到甜美的果肉至少需要 8 年时间。

看到这我不禁笑出声来，为小猴子的趣致可爱，也为它们失败了再来却一点都不着急的执着模样。同时也感慨这么简单的事情居然需要 8 年才学会。但我又想这件猴子赖以生存的事情还不是简单的模仿和积累，其中包含了智慧。想想除了最基本的技能来自模仿大猴子，其他的感悟必须来

享受 生命的神奇 和美好
生本教育的思考与实践

自它们自己,如怎样找到最合适的石头,而不至于椰果没砸开石头却烂了;怎样既能砸开椰果又不至于砸飞,被别的猴子抢走……诸如此类的思考和分寸把握,大猴子是无法传授也无法替代的,只能是小猴子自己在一次次的实践摸索中得到。

我突发奇想:人类比猴子聪明不知多少倍,我们可否缩短生长的过程?我们所学的知识远比它们高深复杂庞大得多,现代科技信息发展日新月异,我们也不需要为生存而冒险,可否减少学习过程的挫败感,甚至不失败?但想想人再怎样聪明,真正成年也要18岁。我们可以把砸开的椰果交给孩子,但这只能是暂时的。怎样砸开的、用多大的劲、如何砸准这些问题还是需要孩子自己去体悟、自己去亲历,这才是成长。看来,成长就是生命的经历和体验,成长不能替代,成长的过程也就是学习的过程,也是不能替代的。

有人说:"没有人能教会任何人任何东西。"我想这话的意思是真正的学会不是教来的,而是自己学来的,因为知识可以积累,而智慧和感悟却不能假借他人获得,一定是自己悟出来的。因此要让孩子自己学,就是让他们经历体验知识获得的过程。而在这个过程中,出现错误、遇到困难,甚至毛病多多,也是正常的。想到我们经常见到孩子有些题不会做,有些字不会写,或者比别人慢一些就着急,或者觉得不能容忍,对孩子生气发火,这是多么不应该呀!

生命的成长是需要等待的,人生没有哪个阶段可以省略。记得一位朋友的孩子已经读二年级了,发现有些注意力不集中,于是去看了医生,医生的判断是综合失调症。家长有些紧张,想了解是什么原因。在分析筛查各种情况后,发现在孩子学走路的阶段,没有学爬就会走了,因此处理的办法就是让孩子每天放学后回家重新练习爬行。我的朋友大感意外,想当年觉得自己的孩子比所有孩子都聪明,学什么东西都很快,甚至省掉了学爬的阶段,直接进入学走的阶段,当年还沾沾自喜呢!没想到多年后,孩子要重新学爬,以弥补当年因为走得比别人快而付出的代价。

生命的成长自有其节奏和生长规律,教育者不能操之过急,也不能替代他们做什么,而是给他们提供不断经历、不断体验的机会。

成长不可替代,生命靠自己长大,我们能做的就是不断给予激励,只要看到哪怕有一点点进步,我们都要为他们庆贺,为他们欢呼,庆贺生命成长的力量,发现生命的神奇与美好!我们要做好孩子的帮学者,帮助学生为学,就是要将知识还原到他的生活中,把所学的与孩子的生活、经历、情感联系起来,与他的生命相激荡,这样就会发现每个孩子都是天生的、永不疲惫的学习者。这是黑帽悬猴给我的启示。

享受 生命的神奇 和美好
生本教育的思考与实践

学习的发生之处在学生

一天,小猫(儿子弋弋的昵称)提出来想和我玩数点点的游戏。可能他在幼儿园玩过。一副扑克牌两人玩,每次每人各出一张,看谁最快数出两张牌的点数是多少,就算赢。最后再看谁赢的牌多。

第一个晚上,每出一次牌小猫都要想半天,如3+6,小猫只会最原始的方法,一个一个地数。我心里非常着急,火气直往上冒,语气就大了一些,大猫(爸爸的昵称)在旁边开始提醒我要注意情绪,因为明显看到孩子不开心了。

第二个晚上,我郑重其事拿来记分表,告诉小猫:我们来比一比,看谁数得快,谁赢谁就得一面红旗。然后,每次我都会故意数得慢一些,让小猫比我快,孩子脸上有了笑容,乘机问他怎么快起来了,小猫告诉我:3和6,6比3大,就从6开始数,7、8、9,6+3=9。小猫又多了一种方法:把大数记在心里,再一个一个数数小数。这比昨天从头到尾一个个数的方法有了质的飞跃。我的内心不由得一阵惊喜。

第三天晚上,我说:儿子,你做我的教练吧,我想学习怎样算得快一些。于是,小猫兴奋又耐心地给我讲解拿到两张牌时,要先怎样,再怎样。我问:我能不能用另一种方法?小猫说:每个人有自己的方法,你会哪种方法就用哪种方法吧。后来的几天,小猫的数数速度越来越快,每天都给我惊喜。

我欣赏地看着这位小老师,感觉万分惭愧:他比我耐心多了。多么包容,没有乱发脾气;多么有智慧,你会哪种方法就用哪种方法吧;没有盛气凌人，没有强迫你的想法要跟老师的一样。孩子才是我的老师呀。

孩子的话让我深受启发。一是教和学，学才是孩子的起点，我们觉得一个一个数数的方法太原始、太幼稚，但它是孩子立足的基本点，要让孩子有后来的飞跃，必须先让他站在自己的起点上，站稳了，才有迈上下一个台阶的基础，这是所谓的先会后学，先学后教。二是知识的生根过程是从孩子自身开始的。从孩子自己最需要表达、最能表达的地方开始，才能形成他自己的表达内核，并从这一内核开始，发展他自己的表达方式。而只有当知识在孩子心中扎根的时候，才能形成智慧，但这个过程不是教会的，而是孩子自己在活动中悟出来的。三是孩子是天生的学习者，并不是天然就可强大起来的，我们如果常常忽略他们或让他们遭受压迫和打击，他的天赋会被消磨，他的自信之火花也会被湮灭。

看来，我不需要担心孩子，反而要学会控制自己的情绪。当我急于告诉、急于教育孩子时，我们跟孩子的对立就开始了。关系开始紧张，孩子心情很不愉快，学习哪能进行下去？二是要尽可能放下自己执着的教，因为我们和孩子相比，当然很强大，孩子很弱小。如果我们强势，孩子就成为弱势。要把自己放小一些、放低一些。我们要做的，是去发现表现事物关系的方法，而让孩子去发现事物之间的规律，这很像我们教学中的先学小研究设计。在学习新知识前，不是急于告诉，而是让孩子有机会先说：我有方法，我发现了，我明白了。就像把土地还给农民，种什么，怎样种，他们自有主张，给他们选择和自由，这样一来，孩子哪有不开心的呢？

只要学习同儿童的情感相联系，其意义为儿童所体验，他们就会以百倍的热情去对待它。儿童的人格塑造、思维发展、知识形成，几乎都是在这种生命呼唤的学习过程中同时发生的。

是的，任何一种学习都是一种生命的呼唤，学习的发生之处在学生。

柔弱胜刚强

有一年暑假,我到广州增城探访老朋友,朋友带我来到古榄树林。那是些有几百年历史的老乌榄树,树干高大婆娑,姿态奇特美丽,树上结满青绿色的果子——乌榄,不仔细看,果子还和树叶浑然一体呢。增城盛产乌榄,一般可以做成橄榄菜,制成榄角,用以蒸鱼,广东人特别爱吃。乌榄也可以生吃,进入口中,先苦后甜,而且满口清香,令人回味,吃了还想吃。但刚摘下的乌榄,榄肉很坚硬,当地人告诉我们吃新鲜乌榄的方法:千万不能用开水烫,那样果肉会越烫越硬,而是要把摘下来的乌榄用温水慢慢泡一泡,坚硬的乌榄就变软了。当时心中一阵感动:大自然用这种方式告诉我,世间的事物总是柔软胜刚强。

记得我的儿子小猫曾经教育过我。家里两只"猫"(爸爸是大猫)好起来的时候,你亲我一口,我亲你一口,好得不得了,连我都妒忌。坏起来的时候,一个比一个声音高。这时,我总会做个和事佬,出来平息战火。最后总是大猫投降,会问一句:"爸爸说的你不听,为什么妈妈说的你就听?"小猫得意地说:"你这么凶,我才不听你的,你应该向妈妈学习,来点软功夫。我听妈妈的。妈妈有软功夫。"

最近家里换了锁。大猫每次开都要花费很多周折,急得在门外大喊大叫。昨晚小猫突然问我:"为什么爸爸开门这么难,妈妈开门那么容易?"接着他自己又说:"哦,我知道了,爸爸用的是硬功夫,妈妈用的是软功夫。"孩子的理解独特准确。

奥修说过：世界上最有力量的就是最柔软的，外在表现是水，内在表现为爱，水总是往低处走。记得曾看过一个报道，国外妈妈教育孩子的方法之一，就是当孩子做错事情时，先拥抱孩子再教育。我想就是这个道理。让孩子觉得我们不是为批评而批评，而是因为爱，是一种如水的爱，孩子的心门就会向你打开。

如何把话说到孩子的心里？如何让孩子接受我们的教育？让我们记住：先控制自己的情绪，把心灵放柔软一些，把自己放低一些，用一种平和之气对待孩子，即所谓的"软功夫"，再坚硬的乌榄也会变得柔软了。

享受 生命的神奇 和美好
生本教育的思考与实践

慢一点，再慢一点

早上读书，喜欢《昨日的世界》的作者米兰·昆德拉的一句话："慢的乐趣怎么失传了呢？古时候闲荡的人到哪儿去了？他们随着乡间小道、草原、林间空地和大自然一起消失了吗？"在他看来，慢其实是一种乐趣。而我也认为，慢教育，其实也是一种大智慧。

儿子学游泳 3 年了，刚开始时，一年学一次，每次 10 天，学了两次，都没有学会，后来遇到列冠源教练，两节课下来就会了，而且可以游 500 米！他每天都高兴地告诉我们又有进步的消息。我很好奇，儿子怎么像换了一个人似的？于是去看教练怎样训练的。

列教练有一句话："再慢一点。"每一个新动作因为紧张，如呼气吐气不完全，教练会说："慢一点。"当蛙泳动作学会了，孩子又急着游更快一些，教练说："慢一点。想游得远游得快，动作一定要慢一些，舒展一些。"教练是这样解释的，动作慢一些，纠正错误动作就容易一些。孩子自己也容易知道问题在哪里。练仰泳时手有一个压水的动作，教练说："先不用要求手压水，那样难度太大了，先要求直臂练好翻掌，熟练以后再要求压水就容易很多了。"原来孩子进步很大，是因为每一个目标都是很容易达到的。

他奖励孩子的方法很特别，多数是跟在孩子身边不断给予鼓励："对呀，做得很好，继续"。或者奖励右手练得很好了，就减少练的次数，或者奖励玩 5 分钟等。这些看起来小恩小惠的东西，很受孩子们喜欢。

同一个游泳池旁还有另外一个教练，重视快，喜欢说："快点，再快点。"例如叫孩子坐在池边练习打水，孩子累得打不动了，那位教练说："我都没有停下来，你们怎么就停下来了呢？"于是，那几个孩子虽然累得龇牙咧嘴，但不敢停下来。但是当老师一转身，孩子们就马上偷懒，停下不练。看来想达到立竿见影的效果，往往欲速则不达。

这样一对比就发现，列冠源教练的高明之处在于足够宽容和耐心，赢得了孩子的心，就赢得了胜利。对待教育、对待生命，也应该如此。在教育教学中，老师不是不作为，而是耐得住，舍得等待，把慢当作一种乐趣的时候，就看见花开了。

想起宝贝儿子 5 岁半时，有段时间幼儿园老师要求小朋友们学会跳绳，小猫想跳不会跳。四月的一天，终于可以跳一下了，但动作笨拙，每跳一下都发出巨大的响声，似乎整栋楼都在颤抖。当时心想：天呐，孩子能行吗？动作不协调怎么跳呀？

可过了一个月，儿子说他可以跳 8 下了，我们觉得有些不可思议。儿子当即跳给我们看，刚开始几次卡壳了，接着却越跳越好，最多跳到 18 下，而且动作协调，脚步轻盈。我高兴地把他抱起来亲了又亲：孩子进步太大了！我为曾经的担忧而感到可笑。是的，教育的最高境界是让孩子自觉自愿地获得有用的知识。因为自觉自愿的动力来自孩子内在的需要，我们只要研究孩子，读懂孩子，营造适合产生自愿的土壤和环境就行了。

客观公正、用长远的眼光看待今天的孩子，不急不躁，不急功近利。用一颗敏感冷静的心去感受、去发现，在孩子的不完善中看到成长，看到努力，并且激励他，给予信心，孩子就不会让我们失望。

"不是槌的打击，而是水的载歌载舞，使鹅卵石臻于完善。"教育本来就是一种慢的艺术，需要静待花开的心态。慢一点，再慢一点，才能享受与孩子们共同成长的快乐，何其幸哉！

享受 生命的神奇 和美好
生本教育的思考与实践

孩子是我师

小猫三岁以前，我给他讲故事他听不明白，所以多数是给他哼儿歌，或者叫婆婆把他带到小书店，摸摸书架，闻闻书香。四五岁时，自己会拨弄录音机，基本是边听录音故事边入睡。有一盒录音带的开头，讲故事的人问一句："小朋友们爱听寓言故事吗？"他会很认真地大声回答："喜欢。"五岁以后，几乎每天晚上睡前半小时是我们的讲故事时间。以前基本是我讲，开始时最喜欢关于大自然的书，如《我的第一本百科全书》（动物卷、森林卷等），还有《猫和老鼠》，喜欢电视剧《西游记》《大头儿子和小头爸爸》，不仅全套全部看完，而且因为反复看，有些碟都看坏了。

到了一年级，许多孩子能自己看书，小猫还不行，因为字认得不多，但读故事从没有停止。最喜欢《365夜故事》，因为有很多笑话，把小猫笑得全身颤抖，如最好笑的是《画虎》《粗心的人》《狐狸分肉》《笨耗子的故事》等。

平时就随时随地认字，能认的字越来越多，从上学路上的商铺招牌"学车"两字开始，一直到天河体育中心的大幅广告"万家灯火"。每读出一句，我都会极力夸奖："太棒了！儿子，你是怎么学会的？"小猫就会得意地笑着说："这些太简单了，一看就会了。"其实他心里多了个心眼：努力认字。这正中我们的计谋。

有时也会读错字，如围棋课室外的"水云间"，把"间"字读成

"问",把"外"读成"处"。认得多,混淆是难免的,反复几次也就区分开来了。有一次看电视,字幕出现"角色",主持人读成"jué sè",他很好奇,明明是"jiǎo"字,怎么读jué?在我看来,这又是一个进步和飞跃:可以比较同一个字的不同读音了。

寒假里,买了一套《不一样的卡梅拉》故事集,共6本,本打算读给小猫听的。谁知小猫拿起其中的一本《我要找回太阳》,翻开书页时,开头的几句"早上,太阳还没有升起,小公鸡和小母鸡们就已经醒了。"居然可以自己读下来!小小的成功激励小猫往下读,一口气读了12页,几乎读完整本书,于是再接再厉读完了全部。

每当读到有趣之处还哈哈大笑,如书中讲到一连几天,公鸡卡梅拉都没能叫醒太阳,于是尝试用英语、法语、俄语、意大利语和日语等各种语言来叫喊,书中有一句"可是,这些全都不管用",小猫一连读了3次,每读一次,就哈哈大笑一次。小猫不仅把文字读出来,而且文中的意思和幽默都体会到了,太令我惊喜了!

于是小猫自己提议,以后每天早上读一首古诗,晚上自己读一本书。第三天本想读《我能打败怪兽》,但翻了两页,他说不读了,很可怕。我翻了一下,是讲聪明的公鸡打败鸡头蛇怪的故事。于是我抱住他,来讲给他听,鸡头蛇怪是母鸡下的蛋,癞蛤蟆孵出来的,以此消除他的恐惧。

对孩子的习惯培养我有几点感悟:

一是在固定的时间做同样的事情,坚持一段时间就成习惯了。如每天的阅读半小时,都安排在睡前九点开始。只要坚持下来,晚上不讲故事都不行了。

二是要以孩子的标准为标准,我觉得难的,他觉得容易,我觉得容易的,他觉得难,都是不奇怪的。所以要尊重孩子。有一次,背诵曹操的《龟虽寿》,"老骥伏枥,志在千里。烈士暮年,壮心不已。"我觉得挺难的,谁知小猫读了两三次就背下来了,因为那段时间我正好给他讲《三国演义》中草船借箭的故事,他知道了曹操,所以兴趣盎然。找到最适合的,让孩子喜欢,就是以他的标准为标准。

三是要陪伴。平时我们都很忙,陪孩子的时间也不多,但我觉得陪伴孩子不是用时间来衡量的,而是用心。每天我们最开心的时候是吃晚饭时的聊天，睡前的讲故事。每晚睡前拥抱孩子，或给他抓抓背，是我们最快乐的时刻；早上他醒来，会大声喊：妈妈过来一下。我就会到他的被窝里呆两分钟，听他讲讲昨晚神奇的梦，讲讲今天想实现的愿望。有时到公园玩耍，陪着孩子在草地上抓草蜢，放下工作，全然投入孩子的世界中。陪伴时间不长，但愉悦在心。

四是及时、正面的激励。父母的肯定、激励是孩子的加油站。我们常用的话："哇，儿子，你太棒了！以前只能读一两个字，现在读完一本书了。"或者："儿子，你创造一个奇迹了，原来最多跳62下，这次达到100下。像刘翔一样破纪录了。"小猫听了总是小眼睛闪亮，小脸蛋红红的，脑袋一歪，狡黠地边笑边问我："儿子是不是很棒？"

五是拥抱。特别是当他有些小错误时，批评前首先要拥抱。让孩子永远保持好心情、好状态，比什么都重要。所以当他想办法说服老爸时，会想到：用高兴的心情说话，就能说服别人。

六是不当众教训孩子。当众人面教育孩子几乎是无效的。记得小猫5岁时，有一次我在婆婆面前说了小猫的顽皮，在回家的路上，小猫认真地对我说：妈妈，以后我做了错事，能不能不要说我，我自己会改的。他的话着实将我教育了一番，从此我收敛起当妈妈常有的唠叨，定下家规，家里人的事都是秘密。在外人面前不准谈论孩子的缺点，只谈优点；孩子在人前的表现即使有些不足，都不批评，而是回家后大家再讨论讨论。往往，回到家时，我还没开口，小猫就已经自己提出自己的不足了。我深信每个孩子都知道什么是好的，什么是不好的，难怪有人说每个孩子都是"道德哲学家"，给他爱与自由的环境，孩子真善美的天性就会生长起来。

当然，最最重要的是学会欣赏孩子。我想起小猫对精灵宝典的入迷。那时，我的宝贝儿子天天追着我帮他画精灵，三本厚厚的精灵宝典被他当作宝贝，每一本书几乎比一个汉堡包还厚。在他眼里每一个精灵从低级长到高级，再到超级，每一次进化都让他津津乐道，对精灵进化一次就具有了超能量，充满神奇与神秘。

有时候，他讲起喜爱的精灵津津乐道，没完没了，还不忘问我们一两个问题，我们会听得一头雾水，只得不好意思地回答："儿子，你刚才说的是什么？"小猫也不生气，只是遗憾得说："哎，说了你也不明白，因

第三章 思考：读懂孩子，发现孩子

为你不是小孩！"

原来，不是小孩就体会不了那么多好玩有趣的事情，体会不到那些神奇无拘束的想象啊！孩子对精灵宝典入迷，是因为他们就是可爱的精灵的真实版，每个孩子都是一个神奇的精灵，不要看他现在弱小，那是在进化前积蓄能量，一旦时机成熟，将有无限可能。

这也让我深刻体会到："教育是成人世界和儿童世界的交流。发现儿童世界的美是成人的责任，因为只有知道了，才能发挥它。只有用发挥儿童世界的美的方式去教育儿童，才能使儿童健康发展。"教育要对孩子产生作用，就要发现儿童的美，欣赏儿童的美，这是对教育者的基本要求。

奥修说过这样的话："生命应该像一首诗，一支歌，一段舞蹈，或者路边的一朵花，盛开着，不为什么特别的人，散发着芳香，没有任何目标，不做任何特别的东西，只是在享受自己，做自己。生命要去享受和庆祝。"

是的，可爱的小猫带给我无限的欢欣和喜悦，我常常觉得孩子是我的老师，是我们的镜子，也是我们的名片。

享受 | 生命的神奇 | 和美好
生本教育的思考与实践

第四章
修炼：放下执念，善待生命

题 记

立春已过，相约看花。感怀于去年在粤北山区邂逅李花，怎一个花团锦簇，李花枝头春意闹！却因为没有带相机，留下许多遗憾。今年本已计划好再去探花，却因一些小事推延了一次又一次。想着再不去花期就过了，周日一早赶着出门时，又下起了小雨。

驱车两百里，下了高速，转入山路，九转十八弯，来到深山里的村庄。雨水时断时续，阴晴不定。放眼望去，远处青山白雾，仙气袅袅，近处的李花最盛的花期已过，花枝上已冒出绿叶，看起来叶比花多。树下是厚厚的由雪白转枯的落花，不由喜忧参半，心疼花落得太快，却喜青李已挂在树梢。手里的伞太碍事，不时碰到花枝，于是水花飞落，哗啦啦打在伞上，随雨水飞溅的还有花瓣，沾在伞上、手上和衣裳上。

想着去年花的盛况，如今却这等模样，心有不甘。于是沿着小溪往山的深处走。开阔处，出现了那些迟开的李花，一朵朵簇拥着竞相开放，枝头的顶端还有很多含苞的花蕾呢！在我的镜头里，看到那怒放的花朵上都带着颗颗雨珠，透着晶莹的光，那模样就像是花儿在雨中狡黠的眼波和悄然的笑意！间或一两株艳丽的桃花、三两棵黄黄的油菜花映入眼帘，我沉醉在这无限的春光里！虽桃李花带雨，却别有一番韵味与风情，不枉我此行美意！正是：

好事佳期至，烟雨山中寻。

桃李知我心，迟来仍怒放。

第四章 修炼：放下执念，善待生命

不站船头也是船老大

山城重庆有个看美女的好地方——解放碑，人们说没有到过解放碑就等于没有到过重庆。所以到重庆时，别人都会问去"打望"了吗？增城实验中学的胡校长和几位女老师去走了走，说："去了8次，只看到8次解放碑，美女一个没看见。"我说："你身边都是美女，又怎能看到别的美女呢？要先把你的心清空，再去看，美景就有了。"大家听了哈哈大笑，非常认同。

其实我们的心像一个杯子，如果早已装满水，不倒掉原有的就装不进新的。这种清空就是放下。我们在接受新的教育思想的时候也是这个道理。据我观察，大凡进步大的老师，都是那些虚心好学而又善于思考与放下的人。我认识广东外语外贸大学附属小学的陈老师，被称为：行动最慢，一做就到位的人。在做生本教育前已经小有名气。但真正做生本教育也经历了强烈的思想交锋，经历了不会教、不敢教，到善于教和越教越轻松的过程。现在听他的课，他的课放手于学生，处处看到生命的涌动和喜悦。学生从展示到交流、到思想碰撞，处处让人惊喜。你会觉得做他的学生是多么幸福。非常欣赏他的执着和智慧。他的发言中有两个故事印象很深。

故事一：船老大并不一定站在船头。这是他刚接触生本教育时，什么该说、什么该做，处于六神无主时的思考，生本教育要求老师们先学后教，以学定教，老师还重要吗？习惯于居高临下，习惯于学生看老师暗示行事的教学，一下转为以学生为本、以学为本的教学时，非常迷惑。后来的实践发现，学生其实很能干，课堂的主要位置要让给学生。于是他想通了。他的家乡在福建海边，渔船出海船老大很重要，在海上遇到八级大风时都能拯救渔船，但船老大总站在不显眼的位置。他说船老大不站船头还是老大。课堂上的老师，是组织者、策划者，但不一定要站在中间。"不现自我"是教师的最高境界。

故事二："把别人关在门外时，同时也将自己锁在屋里了。你不接纳我的想法，就会封闭自己。"这是陈老师在课堂上谈孩子的错误也是资源的一个例子。他说这句话是他的儿子喜欢的一句话，给他很大的启发。在课堂上，老师应该是开放的，要呵护孩子展示思维的胚胎，在交流碰撞中使孩子思维的胚胎生长发育成熟。因此要允许孩子呈现原生态的真实。也就是允许错误，允许绕路而行。孩子的心也是开放的，善于倾听、善于发现、善于思考和表达。

有幸两次听陈老师的课。五年级数学课"找次品"，有一个细节让我难忘：老师对同学们提出的各种意见和观点，从不急于判断，而是交给孩子选择，让他们在讨论交流中擦出思维的火花，答案就出来了。难能可贵的是，他对每一个孩子的发言都认真倾听，给以真诚的赞赏，允许错误，允许绕弯子。如9盒零件有一盒比标准盒重，如何找出来。同学们用了9（3、3、3）的办法，最少两次可以称出来。这本是最好的方法，但有一个孩子一直坚持还有一种自己研究出的方法要告诉大家，于是走上讲坛展示他把9分成9份的办法，坚持如果运气好一次就可称出来。如果运气不好就要4次。老师抓住他的两个如果，请同学们发表见解。大家各抒己见，真理是越辩越明。

最后陈老师还不忘问这位孩子：你接受同学们的建议吗？并让同学们给予掌声，以此鼓励独立思考的孩子。他说学生的错误也是教学的重要资源。因此，他的课堂每个孩子体面地站起来，体面地坐下，清晰地表达观点，没有因为正确而得意，也没有因为错误而丧气，而是愉悦地专注于思考、讨论。每一个发言人都得到尊重，得到应有的尊严，一切显得自然而愉悦。我为陈老师的高明喝彩。

其实对待学生的学，有三种态度：一种是不放（不放手），表面是给学生活动，但还是把所有抓得紧紧的，觉得抓在手里会放心些，实质还是控制生命；第二种是不管（放任），以为放手就是放任自流，这也不会有好结果；第三种是无为而教，不现自我，这是教师的最高境界。

为什么不放？一是因为放不开考点思维的教学，以考点为中心，以知识点为主线的分析性教学，往往也是教师唯我独尊的教学。为什么学生不喜欢？因为课程不吸引人，如果设计没有唤醒，没有点燃，没有交付，没有借力，孩子的学习只是外力推动的被动状态，当然厌学；二是放不开考试。有一种怪现象，要考的东西必学，不考的不学。其实大家忽视了一个事实：素质高，何愁考！三是放不下自己。学习就是悟，没有学生自身的悟，外在的灌输都是徒劳。我们一直都放不开，什么都放不下，唯独放下了最重要的人——学生，丢失了最重要的人——学生，本末倒置了。

有一次我去听数学课：推导正方形和长方形的面积公式。按照过去的作法，这是一节没什么好讲的课，只是背背公式、做做练习，但在这节生本课堂上，老师鼓励学生用自己的方法研究正方形和长方形的面积公式的推导，学生的兴趣被激发起来了，想出了各种各样的方法，如除了数格子的方法，还有计算的方法，还有提出用三角形和梯形来推导的方法。学生在从发现问题到解决问题的过程中充满惊喜，但也有老师表示质疑，认为学生的表达已经超出了年段要求的方法，上课老师为什么不阻止？不是浪费时间了吗？当学生讲得不完善的时候，为什么老师不马上纠正？是否会将错误带到一生？

这样的思维我们见怪不怪了，这是一种考点思维的教育，不允许孩子有自己的想法，不允许错误，不允许超越教材，不允许超越教师的预设，这些也是长期以来造成老师们在教学中步步为营的原因。孩子们就在夹缝中生存，一边是强大的不可逾越的教材，一边是不可绕过去的考点，后面是老师强势的驱赶。其实，反过来想想，难道老师把正确的答案告诉给孩子，省却过程，节省时间，孩子们又能真的学会吗？当然不能。孩子们学会任何知识，都需要经过自身的内化。当孩子可以调动生命中的一切自由思考和表达的时候，他们才会变得才华横溢。

其实，知识和智慧是在感悟的土壤中绽放的大自然的花朵，当孩子有了问题和解决问题的愿望时，就会产生思想。教师的最高境界是不现自我。在课堂，以学生的起点为起点，以学生的进度为进度。

我想，在我们放手于学生的时候，也就是把成长的机会还给学生。有智慧的老师懂得放下，放下自我，让学生的自我彰显；学会依靠，最大限度地发挥学生的自主性，依托学生资源，四两拨千斤，以此获得事半功倍的效果。

教育之道，道在心灵

暑假，我参加了天河区教育局组织的全国教师招聘面试，我是语文组的考官之一。考生有应届毕业生，有来自各地的骨干教师，有随军家属。每位考生都是在五六千人的海选中过关斩将，百里挑一，通过笔试产生出来的，然后才有这次参加面试的机会。当天每人有 20 分钟的说课时间。我们从早上 9 点一直坐到下午 6 点。虽然很累，但不敢有半点懈怠。面试结果，当天晚上就挂到教育局的网上了。考察的内容是给出一篇课文，设想学生在学习时会出现的问题，然后谈谈在教学过程中如何突破重点难点，基本上是说课的形式。考聘的过程中有的人获评委高分，顺利通过；有的人却分数不高，不能通过，有些遗憾。我比较了一下，其实要成功应聘教师是有秘诀的。这里不谈笔试关，就是谈面试关。应届毕业生与骨干教师有不同的要求。

对于应届毕业生，这些刚从校门走出来的大学生，我觉得有三点很重要。

一是自信。相信自己准备的是最好的，大声、大方地表达。声音要有变化，说话语速不要太快或太慢，因为太快或太慢都是自负或不自信的表现。对于评委的问题不回避，不躲闪；有些考生一看考官提问就慌张，其实有时候提问不一定是你说错了，而是考官例行公事而已。

二是态度。能进入面试关不容易，考生应该会十分珍惜的，但没有注意细节也会功亏一篑。首先要在乎自己的形象。衣服要有所讲究，不是要穿名牌服装，而是衣服应合身得体，给人清爽干净的印象。有一个女孩一件衣服穿在身上又皱又垮，令人产生怀疑。自己都照顾不好又怎能照顾好孩子们呢？面试时可以适当化妆，但化妆不能太浓。有些考生粉底太厚，脸与脖子的颜色反差太大，很吓人。刘海不要太碎，几乎把半边脸遮住，给人不清爽、不精神、不明朗的感觉。其次要态度真诚，眼睛要与评委有交流，不要犹疑不定，或望天望地就是不望评委。写粉笔字时，字写得漂不漂亮没关系，但一笔一画要认真端正，千万不要写错别字。有一位考生连自己的名字都写错两个地方就说不过去了。

三是谈吐水平。在大学要认真读书，广泛涉猎知识，参与各类活动。面试时你的文学功底、基本功、视野、思维能力就会从你的言谈举止中显现出来。突击获取的东西不是自己的，从你口里出来给人感觉是背出来的。一位考生谈《陋室铭》，刘禹锡的各个阶段的诗文脱口而出，评委们一致认为其文学素养较高，得分也就高了。

最后，也是最重要的一点，是要会微笑，这是做老师最基本的要求。

对于应聘的骨干教师。他们相对于应届毕业生，有了一定的工作积累和经验，这是他们的优势。因为每位应聘教师都说同一个话题，考官听久了就有审美疲劳。如何从众人中胜出，我觉得有两样很重要：

一是脸蛋就是你的名片。有人说容貌35岁以前是父母所给的，是天然的；35岁以后就是自己给的，生活开心与否、工作愉快与否，其实都写在脸上了。所谓相由心生。我曾经看到一些老师，脸上写满操劳和憔悴，那是心累的反映。越教越累的老师其实不适合当老师。我也曾仔细观察，那些依然美丽的女老师，美丽与长相无关，与年龄无关，她们就像长势良好的花草树木，脸色红润，散发着光彩；声音悦耳，不缓不急；表情自然，嘴角含笑；语言得体，把学生说成孩子。那种美是由内而外的，充满自信，充满爱——对生活的热爱，对学生的热爱，这样的老师越教越轻松，越教越美丽。这样的老师是得道的老师，这个道就是教育之道。教育之道，道在心灵。

二是语言看出思想。有一位应聘老师谈起她所教的学生，喜悦溢于言表。考官问她如何让孩子爱上读书？她没有犹豫，滔滔不绝地谈：首先，没有孩子不爱读书。相信每个孩子天生就是诗人，是文学家，关键是老师要引导得法；其次，关键是老师自己要爱读书。如果学生普遍不爱读，那就和老师有关了。几句话就看出这位老师有思想，是深受学生欢迎的老师。

在天河区，教师待遇不断提高，成了全区最令人羡慕的职业之一。我想高收入有利于吸引优秀的人才选择做老师，但不是所有人都适合做老师。适合做老师的人，应该是一个以生为本的人，是愿意了解孩子、能够读懂孩子的人。这样的老师有一颗感受美好的心灵，能从孩子的不完善中不断发现美好和进步。他从不吝啬赞美，善于放大孩子的优点，给予鼓励激励，让孩子找到自信，使之不断朝自己的优势和强项发展。当然，他还应该是饱含热情与激情的人。教师这一职业需要对学生施加积极健康的影响。因此，要努力使自己得道和开悟是老师必需的修炼。而这些在一个眼神、一句话、一个笑容里就可以看得到。当然，面试时说的只是一篇课文，但说什么是不重要的，关键是表达出来的教育思想和教育理念。这些就是在应聘中胜出的秘诀。

第四章 修炼：放下执念，善待生命

做一个幸福的老师

这个学期全校老师下发了荆志强老师的《幸福地做老师》一书，准备展开学习讨论。荆志强老师我是再熟悉不过了，经常听他的报告、听他的课，听他讲他和学生的故事。翻开他的书，书中的每一个故事感觉是那么亲切，好像都是我亲身经历的一样。郭思乐教授为他写的序中，对荆志强老师的特点概括为两点：一是真诚，知人善用；二是他与别的老师的区别在于让学生自主自为。我非常认同。

一个有着无限热情的人

荆志强老师为人真诚和热情，永远像一把火照亮和温暖周围的人。有一次，他来到我们学校，他是我们学校的名人，大家都认识他，当时天气寒冷，被他握过手的老师都有一个深切感受：荆老师的手真温暖。他就是这样的一个人，无论同事、拍档，还是听他演讲的人，都能感受到他那源源不断的热情。

总会想到一位名人说的话：一个有着无限热情的人，几乎没有什么是不成功的。6000人的单位的总务主任，有多少事情要做呀，同时还要承担高三数学的教学；每天课室挤满了听课的人，学生那种投入学习的热情让所有听课人啧啧称奇和羡慕；年年高考创奇迹更是让人感受到这个世界还是有希望的，还是有让人感受世界美好的教育，学习是美好的，班级是美好的。可能因为他不是学数学专业而是学水产专业的，更懂人、懂生命。他知道如何把孩子们组织起来，开展群众运动。

享受 生命的神奇 和美好
生本教育的思考与实践

想到纪伯伦在论述教师的时候说过的话:"行走在弟子中间的教师,他所传授的不是智慧,而是信仰和仁爱。如果他是大智者,则不会让你进入他的智慧之门,而是会把你引向你的心灵之门。"这是一个人发展背后爱的力量。

荆老师就是这样把学生引入学生自己的心灵之门的老师,这也是荆志强老师与一般老师的区别,郭思乐教授评价他:"你们教书,他教人;你们教人,他把教人转变为帮人学;你们帮人学,他给人最大的信任与依靠地帮,他把学生组织起来,理清头绪,进入自主和自为。"

联想到我到华侨城中学听名师荆志强老师的高一数学课"对数",前来听课的除了有南山高中课改联盟校的校长、骨干教师以及来自全国各地的生本教育考察团,还有教育局局长等领导。非常平常的一节数学课,却让在场的所有人震撼并享受其中。课堂上最多的是掌声、笑声和老师的激励声。

荆老师的课堂有三句话最打动人。一句是"大家没发现吗,他抓住了两个关键"。刚开始上课,一男生上台讲了对数,声音有些小,也还不是很自信,发言完了也没有多少同学回应。但是荆老师却用富有感染力的语调说:"你讲得太好了!同学们没有听出来吗,他讲到了两个关键词!"在老师的提醒下,大家终于明白过来,并给予掌声。在大家都没有在意的地方,荆老师却一下把学生的亮点抓住了,并提升到了一个高度,这不仅让人为那个勇敢的孩子喝彩,也让这第一个上台的孩子自信起来。

第二句是"我怎么就没有想到呢!"大家争辩一道难题,可是理由都不是很充分,突然一个男生说:我有更好的办法。说着就走上讲台进行演示,很快赢得了同学们的掌声。这时荆老师高兴地夸奖:"鹏哥,你太有才了,我怎么就没有想到呢!"想起美国的雷夫老师说过:能够成就孩子的伟大的老师才是成功的老师。其实不是荆老师没有想到,而是随时随处把发现的光荣给予学生。

第三句是"错得好!"一位女生主动展示自己在学习中出现的一道错题,当她讲完的时候,荆老师毫不吝啬他的赞美,他说:"我们要感谢你,带来了这么好的例子。错得好!现在错了,考试就不会错了。"

我想,荆老师的课堂让大家震撼的原因有三个:一是荆老师刚接手一个月的班级，学生就有了这种状态：自由表达的愉快、交流的融洽、思维的深刻，许多独特的思想火花闪现，让人惊喜；二是荆志强老师的激励、赞美和爽朗的笑声，像一把火，让学生始终感受到被尊重、被赏识的愉快，听课的人也被感动了；三是荆志强老师的课天天都是开放课，每天课室挤满了慕名前来的老师，这样的课成为自然的存在——课堂就是学生的学堂，那是多么令人向往的课堂！时任深圳市南山区教育局副局长的王水发局长说：听了荆老师的数学课，感到数学太好玩了。原来，数学就是玩！也有人说：如果自己读高中时遇到荆老师，他就不选文科而是选理科了！

什么是学生？学生是秉承上天赐予的天赋来到这个世界的，不是因你而来，而是为了展示和超越自我而来。在这些极具天赋的孩子面前，老师是有一双发现美的眼睛的人，发现天赋，给予赞美、信心和希望，孩子们就会发奋努力，忘我投入，哪有不成才的！荆志强老师就是这样的老师，他将所有的学生都调动起来了，进入忘我学习、享受学习的境界。

把学生发动起来

我曾跟数学科组 10 位老师一起到深圳华侨城中学听荆志强老师的数学课。我们刚走进课室，一位女生就热情地指着课室后面的一排凳子，说："老师请坐。"刚坐下，一位靠窗的男生拿着相机给我们拍照，门边的一排柜子上养着植物和小金鱼，课室窗明几净。展示台上空闲时就有一句话，"要成就一件大事业，必须从小事做起"，后来了解到这是来自同学们选择的名言警句，当展示台空闲时不至于空白，一周换一张，都是班干部做的。一个小小的细节，看出班级管理的精细。

整节课听完，同学们的笑声和小组学习的默契，给人留下很深的印象。荆老师在与我们分享时说：班上的事情全都由学生自己管理起来了，老师很轻松，主要做好两件事：

一是鼓励，把学生调动起来，班级的事情大家共同承担。上课时，看到老师拿着一张错题统计表，凡是超过 10 个错的才在全班展示出来，而讲解人是做错了的学生。我看到那做错了的学生是主动上台讲解，讲完还获得掌声，而荆老师不时夸奖几句。我们感到奇怪，错题统计表是什么时候完成的？原来是班干部在课前已经做好统计，每天荆老师一上课，统计表就已经摆在讲台上了。

荆老师说一接手班级就开始制定班级规则了，讲清为什么做，怎样做；全班达成共识，小组管理，一级管一级。为了形成班级文化，他不放过任何一个机会，例如在体育节时，他们班的同学们常常聚在一起，心也在一起，白天运动会，晚上感动会，人人流眼泪。高中学生的管理不能简单化，作为老师，在任何时候、对待任何学生都做到不发火，而是采取柔性管理，个别学生要谈心，一次两次三次，总有感动他们的时候。

二是抓根本。他说"我不教他们做题，我只教方法"，关键是做到简单和落实。而在那节课上，我们看到老师的板书，除了知识点、基本性质特点以外，还有方法总结和数学思想。走进荆老师的课堂，以管窥豹，终于明白了这个被郭思乐教授夸奖为"把学生发动起来自主自为"的生本名师是怎样练就的。

荆老师的教育激情来自哪里？荆志强的书名是"幸福"，我觉得获得幸福的秘诀，一是深谙教育之道，二是持之以恒。乔布斯说过："我很清楚，唯一使我一直走下去的，就是我做的事情令我无比钟爱。你需要去找到你真正所爱的东西，工作上如此，对于爱人也是如此。如果你还没有找到这些事，继续找，别停顿。"相信荆志强老师就是这样的得道之人，听从内心梦想的指引，融入教育，享受教育；他的学生成长成功了，他就得到教育工作给予的回报，得到最大的幸福。

纪伯伦的诗我非常喜欢，正好表达我读《幸福地做老师》一书后的心情。诗是这样的：生活是黑暗的，如果没有渴望；渴望是盲目的，如果没有工作；工作是徒然的，如果没有爱。当工作与爱在一起时，你便与自己、与他人、与天地连在一起了。希望我们也能像荆志强老师一样做幸福的老师，享受幸福的教育生活。

理念胜于方法

前一段时间，有幸参加某地生本教育实验学校实践指导活动。两天的安排很充实，有听取实验学校推进生本教育的三年规划，有集体备课和听课。每一位导师下一所学校，我和谢老师到的是第一小学，这是当地最好的学校。重点围绕生本英语怎样集体备课、如何设计先学、小组怎样建设等问题开展活动。在这个过程中，吴校长一直问："我们只想知道怎样上课？这次培训要教会大家怎样备课，否则专家走了大家还是糊涂的。这次是第一小学带动的几所学校的英语老师全体集中开展教研，你告诉大家怎样做吧。"看得出校长和老师们迫切想得到生本"真经"。

第一个下午，我们就一位老师的课谈怎样上，老师的设计重点落在阅读一篇文章，找出不懂的字，提出重点句，然后介绍自己的照片。我的建议是提前通读课文单词，学生熟练后才上课；介绍自己喜欢的地方，作为主体演讲部分；增加运用学过的单词和句子编剧本、演剧本。

这样的要求引来在场教师议论纷纷，吴校长反复问：上课就是表演展示吗？教材中的重难点怎样解决呢？她的话得到很多老师的认可，大家都觉得不可行：课堂怎么能没有教师的教、教师的导呢？

当天晚上回家，我也反思我所说的。看来大家并不理解，所以重新做好课件，直接将几种类型学生的先学作品展示出来，好让大家一目了然。

第二天一早，我发现校长并没有主动迎出来，副校长直接跟我说下午到第五小学去听课。我的感觉是有些奇怪，完全没有昨天的热情和客气。

享受 生命的神奇 和美好
生本教育的思考与实践

英语研讨课准备开始了,教研室何主任也坐在现场,似乎有些心事,吴校长坐在我旁边,直接说:"了解了其他几所学校的培训效果都很好,大家都知道怎样备课了,但是我们这边大家还是不明白,可能由于你不是教这个学科的吧,对这个学科的特点没有讲清楚,这样不行的,我们一百多号人今天回去以后一点收获都没有,他们怎样上生本课呢?最好分组备课一节。"我知道了原因,虽然心里很着急,但想到我来是为了推动生本教育的,本着学术交流的目的,没有必要生气。我跟她说:等老师上完课,我们再讨论。

还好上课老师的课虽然内容不多,但是课堂是精彩的,学生非常踊跃,大段大段进行英语演讲。点评课时,我肯定了老师上的是生本课,特别是这位老师不断讲到一个词:惊喜!她说没想到的地方很多,更没想到学生那么精彩。

我首先声明:"我不是教英语学科的,但是15年来,我做的最重要的事情就是和老师一起备课,我参与了全校所有学科老师们的备课,因为所有学科都是相通的。至于大家提到的不明白的问题,我接受吴校长的建议,光听是不行的,必须大家一起备一节课。"

然后我们进行了分组。一百多位老师分成三大组,就一册教材一个单元进行备课。根据学生学习的认识过程"感受、认识、熟悉"的规律,围绕接触新知、学习新知到对知识进行复习这三个学习阶段进行,我们就备这三种课:感受课、精读课、复习课。其他写作课和活动课比较灵活就不列进去。大家一下蒙了,看得出昨天谈的全都没有感受。于是吴校长把昨天的笔记拿出来解释了一下,可是大家还是不太明白。

我在黑板上板书了三点备课要求:一是三个阶段的三种课;二是确定教学目标,按照过去教学,大家都有目标的,知道要教什么;三是根据教学目标,要求将老师要教的东西变成学生的先学研究,做到简单和根本开放。

我们从最常见的精读课开始,我根据老师们的发言,归纳出先学小研究三个要求,以及三个要求怎样做好、怎样让学生出彩。一是对课文重点单词、句式的复习,提醒注意的地方。二是根据课文内容,围绕一个话题,编一个短文,可以模仿,也可以创编,要求所有学生有发展:弱生有依靠，模仿课文，达到保底，而强的学生可以创造，把课内、课外学过的词句用上，发展也有了空间。三是根据课文内容编一个剧本，在小组内进行表演，目的是让学生自己创设情境，真正调动学生的积极性。整堂课的重点在运用语言上。

接着谈复习课，即我们的生本评研课。没想到有位老师一下说得非常到位，我立马夸奖她是认识到位的老师。评研课主要是解决知识点问题、语法问题和考试问题，可以把在语言运用课上反映出来的、比较集中的问题或者教学的重难点进行突破，如这一课重点在找出过去式的规律，举出相关例子来说明，可以整理过去式动词的变化规律，也可以是句式中要注意的地方。二是设计相关练习，把考试中常见的题目作为练习，最后还可以让学生自行出题互考。上课就三个环节：首先小组讨论、全班汇报找到的资料，分享交流，说一说，学生设计的相关练习互讲互评；其次老师巡堂，讲解，相互请教，关注弱生；最后教师批改张贴好的练习卷，并进行相互学习评比。

最后是大家最糊涂的感受课。开始大家不敢说话，后来一位教师一讲就到位，分三步：一是熟悉单词短语，用自己的方式先学先听课文，说说自己记单词的方法，并制作单词卡片，还要找出难句和解决难句的方法；二是感知整个单元，听读模仿，流利朗读，合作进步；三是推荐阅读材料，可以是师生找到的诗歌格言，也可以是故事、书籍。

一个单元的三个阶段、三种课型就出来了。这样整体式备课的优势在于抓住课程根本，把语言分析变成语言实践活动。在于对教材进行整合，如果一个单元一篇一篇课文地教，效率不高，老师教得很辛苦，学生学得支离破碎且不得要领。现在把整个单元整合了一下，腾出了大量时间，不但学生有了活动空间，还能把知识点教学和能力提升涵盖在丰富的活动之中。在于这样的方式把学生当学习的主人，人人胸有成竹、有备而来，所以学得积极主动，学得不亦乐乎。我再把准备好的大量的、精彩纷呈的学生作品给大家看，老师们有种豁然开朗的感觉了。

活动结束，我看到校长和教研室主任终于有了笑容，信服得点头称赞，表示要继续学习讨教。

通过这次指导，我也终于明白生本教师的备课培训中要注意的几点。

学是不能被教的

我讲得再好,听课的教师因为没有一点实践感受,只能一知半解,不能真正明白。所以教师培训仅仅听讲是不够的,必须让老师们分组分工,进行模拟实操,具体到一节课的备课上。

好东西是不怕质疑的

与老师们交流的过程就是思想观念碰撞的过程,问题越多,碰撞越多,效果越好;教学改革也无需求快,有困惑、有问题是正常的,只要认准了方向,带着困惑边实践、边反思、边前进,总能达到理想的彼岸。生本的备课建议个人先备,接着年级备课,然后专家行政备课,最后再实施,这样效果会更好。

理念大于方法

多年的实践使我看到各类问题和困惑,其实质都是观念的问题。不改变观念,只有技术是不可能真正做好的。不少实验学校总喜欢拿来主义,希望把别人10多年的做法、所有的资料提供给他们。其实,所有东西都提供出来,老师们就学会了吗?我想老师们的压力可能会更大。我的建议是老师们在集体教研中找到问题,突破问题,积累经验,逐步前进,这远比直接拿来用有效得多。这就是学习的过程远比结果重要的道理。而最重要的是,仅仅是方法技术上的讨论是没有意义的,观念的转变才是根本。

第四章　修炼：放下执念，善待生命

教育，唤醒天性和潜能

大道相通

我家住的花园里，有一家小小的社区医院，只有四层楼高，相当于旧时人家的一个中等庭园大小，相对于几万人口的大型小区，它显得微不足道。但这里有一位聪慧过人的管家，将小医院定位在传统中医，引进了全市最好的中医教授来坐诊，带入了实力雄厚的中医经络推拿团队，使人们原来不屑一顾的小医院，开始变得门庭若市。在新装修好的二楼，一改肃静的外墙，装饰以盛放的花朵、祥云状的镂花、典雅的造型配以翠绿的大盆植物，感觉不是在医院，而是在某个高档会所。美丽的管家有一双妩媚闪亮的大眼睛，永远是精致的连衣裙，配合着一件小外衣，色彩明丽，大方得体。佩服她的衣着品位和对医学本质的认识。中医本来就强调"三分治，七分养"。想起曾经看过的一本书，通篇文字太过专业没能看下去，却一直记得其中的一句话：任何医疗的目的都在于唤醒人们自愈的本能。我觉得这是中医治疗最深沉的内涵。

我想，教育何尝不是如此呢？想到了我们以生为本的教育，追寻的是回归生命自然，唤醒儿童与生俱来的天性和潜能，使其走上自我发展的道路。

超凡脱俗的心灵

如何让教育理念可视化？我们在校园文化设计上做了一些大胆的尝

85

试。坚持两个标准：一是要有特色，要有针对性，突出生本教育这一理念；二是格调要高雅，有一定的文化品位，且又易被小学生欣赏、接受。我们在对教育、对人性有独到认识的邓君持先生的指导下，对校园有限的空间作一点小尝试，就达到这样的效果，归纳为三点精妙之处：

一是教育不是告诉，而是用心感受。要把说教式的教育转变为激扬生命的教育，就要对那种把校园的每一个角落都塞满填满教育口号的做法进行反省。

学校对学生进行教育，一方面来自教师的言传身教，另一方面是往往被人们忽略的校园环境教育对学生的影响，后者对学生更有潜移默化的心灵影响力。于是，在设计中，尽可能抛弃常见的简单口号式的设计手法，尽量避免从口号中向学生们灌输一些概念，尽量用优美画面、形式感去打动学生的视觉，让他们的心灵体验美的熏陶，产生心灵与画面的互动，使其画面上所蕴含的教育意义更深入人心。其实，通过口号和通过画面影响学生思想行为，其教育目的是一致的，但侧重点有很大区别：前一种是通过宣传口号、文字向学生们宣传科学人生观、真善美等；后者是通过画面，让学生们从画面中感受到正确的科学观、人生观、真善美。前一种是告诉式的，强调的是外力的推动，效果是短暂的；而后一种是触动心灵式的，强调的是内心的领悟，影响是长久的，这就是生本教育的理念在校园文化设计上的具体体现。

"德育的基础在于儿童美好的学习生活"，除营造和谐的师生关系，满足儿童对善、对美、对超越自我的渴望外，在环境营造上，大可以少些控制、少些强势、少些说教，相信孩子与生俱来的美好天性是唤醒心灵的依傍。教育不是告诉，而是用那匠心独具的色彩和线条春风化雨、润物无声。

二是具象与抽象之间的思考。设计太过具象难逃过时的尴尬，太过抽象又难以产生共鸣，唯有这像与不像之间能产生恒久的美和韵味，才能让人回味无穷。走进校园，嫩绿的外墙、雪白的柱子，在阳光下如同初生的嫩芽，生机勃发；操场上，点缀着造型各异、色彩明亮的大贝壳，意寓鱼儿离不开水，孩子离不开运动，不仅视觉上给人以美感，更有回归自然、来到大海边的感觉。原本写着密密麻麻文字的一堵背景墙，改为孩子们异想天开的涂鸦墙。校园各处的设计，色彩明亮而不杂乱，线条明快而不突兀，造型质朴而又浑然天成，原本单调且过于浓烈的校园顿时生动起来，犹如惊鸿一瞥，让人过目不忘！

"校园不需做应景文章，因为它是地区的永久性文化建筑。"我想如果每所学校在建立之前多一些对教育与建筑的思考，将为教育部门节省多少资金而不必陷于拆拆建建、几年后打掉重来的铺张浪费啊！

三是从孩子处获取灵感。在流行大量COPY（复制）的时代，校园建设抄袭、照搬现象也难以幸免。而我们却发现有一个办法可以避免掉入世俗的泥淖，那就是当才思枯竭、黔驴技穷的时候，多向孩子学习，从孩子处寻找灵感。

看看孩子们的美术创作，色彩的天生敏感，想象的无边无际，犹如天赋神助一般，远远超乎我们的思维和想象。从孩子处就得到了设计灵感，其实哪有那么灵验的事情！关键是那超凡脱俗的设计来源于一颗跟孩子一样超凡脱俗的心灵。

想起前一段时间，校园北面准备改造成一个主题公园，上级非常重视，找了某设计院的工程师出设计方案。方案出来了，整体效果还是令人期待的，有弯曲的小路、参差高低的花草树木，建好以后，是孩子们读书玩耍的好地方。但是其中的凉亭、小路、文化墙的设计比较公园化，就是感觉似曾相识，好像哪个公园、哪所学校里都有。见我们不太满意，设计师说：要不你们告诉我们怎样做吧。我们一时也没有很好的想法，只觉得太过具象和实用，就会缺少了让人细细品味的美。

于是，我们找来了这两年出的学生美术作品集，那些作品只是看一眼，就能让你两眼放光！那些没有任何羁绊的想象、造型和色彩，只有孩子才有的灵性和灵动，让人赞不绝口：有谁比孩子更有想象力呢？没想到成人认为最难的事，对孩子来说却是轻而易举的。很快，从孩子身上找到灵感的新方案出来了，双方都比较满意了。

孩子对美有一种天然的领悟，他们有无穷无尽的想象，他们就是美的化身。好的教育不是去规定、限制他们，而是去发现并珍视这种美好，呵护并激励它，使其释放出那种与生俱来的天性和潜能。

第五章
实践：教少学多，以学定教

题 记

　　我的阳台不大，却养了20多种植物，它们都是我从各处收罗而来的。我经常逛花店，学校附近的花店老板应该是欢迎我的，因为我不会错过那隔一段时间进一些的新货，凡是开花的、姿态美的植物总会被我买下。如长得像玫瑰的海棠花、一开几个月的长寿花，各色品种都有，红的、黄的和紫的，单瓣的、多瓣的，养在阳台上，一年四季，色彩艳丽。

　　有的品种是我在外地游玩时看见买下的，如有一种开着极像红灯笼的花，艳红的球状花瓣下伸出明黄色的花蕊，像小公主的蓬蓬裙，常引来成双成对的小相思鸟，在花间流连跳跃，从这一朵跳到那一朵，还把细细的长嘴巴深入花蕊，不知道是否花里有香甜的花蜜？

　　有一部分是已养育多年的品种，如雅致的竹子，柔弱的文竹，精致的常青藤，它们天生一副让人怜爱的样子，怎么长都是漂亮的。装点在阳台上，微风吹来，摇曳生姿，风情万种。

　　让我小有成就感的是那些定期开花的品种，如春节前后是散发清香的金边墨兰，还有满树花朵的蟹爪兰，一年开花一次；夏至时节开花的大多有香味，像小而洁白的茉莉花，还有像白衣仙子的栀子花，散发着小时候熟悉的香味，儿子摘下一些泡在瓶子里，说要自制香水；最奇特的是香味浓烈的夜来香，白天根本不大起眼，哪是花哪是叶并不分明，可是一到夜晚，整个客厅都是香味，甚至有时候晚上回家，在家门口就闻到了。

　　当看到花骨朵正在孕育萌芽，每天早晚我都会怀着兴奋和期待一定去探望，我要看着它们从含苞到怒放，直至花落，落英满地的时候，虽有些遗憾，但想到离别是重逢的开始，就赶紧为落花后的枝条修剪枯枝，换盆添泥，施肥培土，期待来年再见。

对这阳台花园爱不完的，除了我，还有4只鹦鹉、3只金钱龟、5只红壳螃蟹。美好的一天，总是在小鹦鹉悦耳的鸣叫声中开启的，它们常常变化不同的调子唱着，用它们自己才懂的语言；而红壳螃蟹巴在海龟背上，享受着免费乘船的快乐。

我爱种花，喜欢看着它们从弱小到蓬勃，见证花开花落，从中了解四时变化，保持欢喜之心。内心美好，处处皆美。

享受 生命的神奇 和美好
生本教育的思考与实践

小立课程，大作功夫

学校的课程设置解决的是用什么方式培养人的问题。我们坚持"小立课程，大作功夫"的生本教育课程观，主张把核心性的学习还给学生，在学习的核心处即在学生的思想发生处、知识形成处、能力成长处、情感涵育处做文章，我们深信教育中只有有了人，教育的最大价值才能体现。因此在课程建设上树立两点意识：一是只有课程吸引学生，才能让学生享受学习带来的欢乐；二是要引导教师和学生真正从基于教科书的教与学走向基于课程资源的教与学转变。

围绕生成新知、形成技能、培养情感、激发思想的课程目标，使课程创新既有思维的含量、智慧的含量、情感的含量，又有文化的含量。

课程实施原则

我们坚持课程"三化"原则。

一是课程本质化。为避免课程走入繁、难、偏、杂的窠臼，需对现有课程进行本质化的改造，即整合课程，化繁为简。强调抓住学科教学的根本，如语文课程的根本在于推进大阅读；数学课程的根本不在题海战术，而在于学生找到解题方法和养成良好思维习惯；英语和其他学科的根本在于形成活动。倡导学科三问：语文推进阅读了吗？数学抓住根本了吗？英语和其他学科形成活动了吗？让课程虽简单却承载丰富。

二是课程活动化。人的回归是教育改革的真正条件，我们努力把教转化为学，把学转化为活动，让学生成为学习的主人。让学生在自主的整体活动中，促进思想，增长智慧。

三是课程综合化。打破学科之间的森严壁垒，让课程回归学生的生活和经验；学习也不局限于课堂，把自然、社会、自我作为课程资源开发的基本来源，生活处处皆学习。

学校课程组成

学校课程由基础型课程、拓展型课程和研究型课程构成。

基础型课程强调促进学生基本素质的形成和发展，体现国家对公民素质的最基本要求。基础型课程由各学习领域体现共同基础要求的学科课程组成，是全体学生必修的课程。关键词：基本要求、全体必学。

拓展型课程以培育学生的主体意识、完善学生的认知结构、提高学生自我规划和自主选择能力为宗旨，着眼于培养、激发和发展学生的兴趣爱好，开发学生的潜能，促进学生个性的发展和学校办学特色的形成，是一种体现不同基础要求、具有一定开放性的课程。拓展型课程由限定拓展课程和自主拓展课程两部分组成：

——限定拓展课程主要由综合实践学习领域的学校文化活动与班级团队活动、自我服务与公益劳动、社区服务与社会实践等各类活动，以及国家规定的各类专题教育组成，是全体学生限定选择修习的课程。

——自主拓展课程主要由基础型课程延伸的学科课程内容和满足学生个性发展需要的其他学习活动组成，是学生自主选择修习的课程。关键词：开放性、个性化。

研究型课程是学生运用研究性学习方式，发现和提出问题，探究和解决问题，培养学生自主与创新精神、研究与实践能力、合作与发展意识的课程。其内容可以从学生的兴趣与生活经验出发，也可以从学科出发，实施时可以采用主题探究活动、课题研究、项目设计等方式。关键词：主动深入、自主创新。

独树一帜的生本教育学科课程体系

一是以推进阅读为中心的大语文课程体系

找准语文课程与教学的根本，促进人的自主学习，形成富有个性的文

享受 生命的神奇 和美好
生本教育的思考与实践

化底蕴，最有效的途径就是阅读素养的提升。我校生本语文是以大阅读为中心，转变碎片化的语文分析教学为以语文实践为本体的真正语文，开辟了语文教学的康庄大道。

"读"占鳌头的大阅读推进。一年级，我们以生本教材为主，辅之以大量的绘本读物，开展"意义识字，推进阅读，全面提高"，一心一意奔识字，一学年下来，学生基本认识了近2000个生字，具备了初步的阅读能力。二年级到六年级，以人教版教材为载体，进行以读引读、以读引说、以读引写、以读引研，以一篇带几十篇、以一个故事带入几十本专著的方式，使人类优秀文化经典进入孩子的视野和生活。同时，将语文课变成阅读推进课。相信语言的学习不是仅凭在教师的"苦心调教"下、反复把玩少数几篇文章所能根本奏效的。因此，我们以主题阅读推进的方式，将课外阅读引进课堂，通过搜集整理，将自己的阅读见闻、生活经验、思想感悟、想象创造等带进课堂，引导学生去跋涉课堂之外的万水千山，去观赏课本之外的万紫千红，使读书成为他们的内在需要和自然的习惯。

满足生命需求的大语文实践。通过课程整合和教材重构，腾出许多时间，让孩子们进行丰富多彩的语文实践，如时事评论、故事演讲主题辩论，又或者是读写结合的诗歌创作、小说对联、阅读笔记、快乐练笔等，培养学生每天保持至少一个小时的阅读习惯，让孩子们知道阅读不是为了考试，不是为了分数，而是与原汁原味的语言文字相遇。这种无功利读书，带来的是博览群书、厚积薄发的境界，实现人均阅读量达1500万字。海量的活动涌进课堂，所有的字、词、句、篇这些过去要一点一点教给学生的东西，都成为语文实践内涵中的存在。

二是以"研究"为依托，紧抓"根本"的数学课程体系

生本数学以"宽着期限，紧着课程"的教学观，要求教师不能只做教材的复制者和传声筒，要最大限度地把"教"转变为"学"，把学转变为玩，要从知识点、考点的本本目标，转到促进思维、发展智慧的方向。我校建立了结合新课程标准，以研究为内核、以课型为依托、以实践活动为载体来紧抓数学教学的根本的数学课程体系。

以先学研究为内核紧抓数学教学根本。根据学生"大感受、小认识、

勤熟悉"的认识规律，设计先学研究，从先学入手，把核心性学习知识提前交付给学生研究，以学生已有的认知发展水平和经验为基础，面向全体学生，让不同基础的学生带着对新知识不同程度的认识进入课堂，从而在课堂上有困惑、有联想、有表达的欲望，能带着更明确的目标去学习，更积极主动地参与课堂，真正成为课堂的主人。

以5种课型为依托落实数学教学的根本。我校教师用课型来带动特色课程建设，如感受课、认识课、熟悉课、知识整理课、评研课，每个单元教学都通过这5种课型来落实课堂教学。5种课型里的每一种课型的教学都提供给学生充分先学研究和交流展示的机会，都是依靠学生自身的力量来提升学生生命的成长。

以实践活动为载体推进数学教学的根本。我校各年级学生结合各班的班级文化开展个人、小组、全班等组织形式多样的实践活动，如参观访问、观察制作、测量计算、调查统计等，这些实践活动围绕数学知识、紧扣学生生活。通过这些实践活动，充分调动了学生运用数学思维、数学技能来大胆进行尝试，在完成实践活动过程中推进了数学教学。

三是以"剧本"为载体，以"活动"贯穿始终的实践性英语课程体系

我们坚持"以生为本"的教学理念，以四个课型（感受课、新授课、知识整理与评研课、阅读活动课）为抓手，探索以"剧本"为载体，以"活动"贯穿始终的实践性英语课程体系。

把教变成学，把学变成活动。学生就是最重要的教学资源，教师有意识地将一点点教的知识转化为学生的研究性学习活动。"感受课"中老师指引学生通过自主学习，将课外读物引进课堂，做到人人有备而来，胸有成竹。"新授课"中学生自主发现问题、小组合作学习解决问题，并结合主题演讲、英语故事、英语歌曲、英语原著的学习，以及自编自导的剧本表演。"知识整理和评研课"中学生自主梳理知识、重点难点，攻克学习中的障碍。活动课上，围绕单元主题扩充课外读物，如低年级英语绘本读物的推广，中高年级接触英语故事、电影、歌曲、小品等。

使英语学科具有整体生命的意义。原有的英语课程强调它是外来语言，夸大了它的输入过程和不得不采取的细化方式。英语课程路线的改变同样应该从英语输入转向英语活动的实践。英语教学改革的最大问题是未

能摆脱琐碎说教和过度输入的问题，耗尽了时间、空间和精力，却无法形成生动活泼的语言实践活动。我们的改革就是建设一个真正属于学生自己的、自主的、有生命意义的强烈的活动空间。我们开展小剧创作实践活动，在教师帮助下，孩子们的剧本设置编演常常出乎我们意料，每个孩子在编演剧本时都能释放自己的才能，有的导演，有的设景，有的编剧。而每个剧本也各具特色，有的是文字式剧本，有的则画出场景配上对话，有的是课内文章改编、续编，有的则直接编排课外剧本或故事等。在剧本编演过程中，孩子们是快乐和享受的，各方面的能力也在提升。英语学科作为语言教学具有了整体生命的意义。

四是以美好学习生活为基础的德育课程体系

德育的基础在于儿童美好的学习生活。我们坚持"以学养德，育德无痕"的德育理念，充分认识到学生不是被告诉、被管教的对象，而是有着强烈学习本能的生命；德育不是靠教，而是依靠学生个体的体验和感悟，使每位学生在良好的学习生活中成长。

德育目标课程化。每月一个教育点，每学年均开展丰富多彩、行之有效的主题活动，做到月月有重点、周周有活动。如科技活动月、读书月、环保月、感恩月等集教育性、趣味性、时代性、实践性为一体的活动，每学期的教育点组成行为规范系列。

一专多能体艺课程。开设第二课堂，我们从学生的个人兴趣和意愿出发，开设了舞蹈、合唱、插花、剪纸、画画等50多个兴趣特长班，涵盖了学科素养、体艺专长、信息技术、科学探索等方面的内容。如现在班班有合唱队，人人会下国际象棋，人人会吹竖笛，人人写得一手好书法，跳绳与篮球是必备的体育技能。丰富的体艺课程培养了学生多方面的兴趣，提高了学生的综合素养。

校园节日活动课程。开展体育节、艺术节、读书节、科技节、世界文化节以及传统民俗文化节等一系列校园传统节日活动。利用六一艺术节，举办美食广场、广场音乐、手工制作等活动；利用元旦举办合唱比赛、舞蹈展示、乐器比拼、书画展览等活动，让学生心有所感，智有所启，情有所思；利用读书节为各班搭建平台，吟经诵典；利用中华民俗节日，如元宵、清明、端午和中秋等，开展一系列关于节日来历、文化习俗等的宣传和研究。学生亲身参与丰富多彩的实践活动,不仅领略了中国传统文化的魅力,也使中华文化的精髓和影响扎根心中。

开展社团特色活动系列课程。如班班有小社团,鼓励各班学生根据自己的兴趣特长组建各种小社团40多个,涵盖读书会、小乐团、环保队、DIY组等内容丰富、形式多样的特色活动,学生在多姿多彩的活动中自由地发展,快乐地成长。全校开展特色班级、特色中队创建活动,各种学习活动、亲子活动、主题活动等形成常态;学校为班级特色活动印发小册子,并利用每周国旗下讲话、一周新闻播报宣传班级特色活动,最终达到学生人人参与、人人成功、人人发展的目标。

在生本教育中,学生智慧的生成和人格的建树,都是通过儿童的内化去实现的。因此,我们的德育工作重点在于减少规定性,扩大选择性,让学生自主选择,自主体验,在美好的学习生活中自己成就与发展良好的自我。

生本教育课程体系的创新之处

我们的课程评价着重淡化考试,倡导评研。所谓评研,就是评价、研讨,由学生自行发现学习上的问题,通过小组内自主合作的交流、研讨,寻找解决问题的办法。评研,注重一个"评",突显一个"研"。从2003年开始,我校一至四年级各学科不参加市、区统一试卷考试,而改为自行出题、自行评研,把传统控制性的"评价"转变为"评研",从而使考评的主体回归教育的主体本身,使可比性的评价结果淡化为可研究性的评研结果,去控制性,使教育回归儿童的生命机制。"生本评研"与传统评价方式的不同之处主要体现在以下几个方面。

让学生成为评价的主体

完整的评研过程首先是教师先根据知识难点、重点、易错点出题,师生、生生评研后,学生再根据自身实际模仿出题,进行再评再研。这种生本评研,一改以往学生被动接受知识检查的评价方式,让学生成为评价的主体。把考试评价的主动权还给学生,学生的自我评价、学生之间的互相评价和教师的评价和谐地糅合在一起,打破了以往以教师为中心的"一言堂"的练习课模式,变教师的"一言堂"为学生的"多言堂",实现评

享受 生命的神奇 和美好
生本教育的思考与实践

价主体多元化。这种评价方式在很大程度上提高了学生学习的主动性和积极性，提高了学生对学习的兴趣，激发了学生自主学习的欲望，使学生在感受、领悟、创造中学习；改变了学生和教师传统、单一的反馈式学习模式，令学生和教师都体验到成功的喜悦。

为学生的强势发展赢得时间和空间

学生在评研过程中，不断将难题与易错题进行交流研究，每一次评研都在不断弥补之前评研中的不足，直到学生最终取得满意的评研卷成绩。这种做法消除了过去以"分数论英雄""一张试卷定乾坤"的传统教育评价中重结果、轻过程的不足。其实质是改变单纯以分数评价学生的方法，建立综合素质教育评估体系，弱化差别、淡化分数与等级的竞争，给学生创造较为宽松的学习环境，使学生更主动、更生动活泼地发展。这种人性化的评价机制更多地关注学生在学习中表现出来的情感体验、学习信心、学习态度等，让每个孩子都有机会通过努力获得成功。由此，为每一位学生的强势发展赢得了宽松的时间和空间，使"素质高，不愁考"变成现实。

生本教育课程建设重视学科课程的整合和整个课程的整合，这种整合不是简单地仅仅做加法，即原有课程不动，只增加一点课外活动的校本课程，而是做乘法，即进行本质改变的课程整合，使基础课程本身就有活动性和研究性，通过活动和研究，把各部分课程整合在一起，使学生可以自主地学。这样做带来了课程文化的创新：

创新课程内容，丰富学习资源。课程资源的深度和广度突破教科书的内容制约，就能大大拓展学习范围。

创新课程形式，增加学习趣味。突破课堂"教师→学生"的单一教学模式，在形式上追求更多交互，不仅有师生、生生，还有个体与小组、小组与全班等，更加强调群体性、合作性；不仅仅是单一的资源传输，还有学生个人自主学习、小组合作学习、社团组队学习。学习中实现课程教学模式的多层次交互，使学习趣味性大大增加。

创新课程空间，激发学习热情。突破"课堂—教材—教师"呆板的空间制约，将研究延伸到课后、课外、社区甚至网络。空间的开放带来了课程资源的丰富多彩，让课堂充满生命力，提高了学生的学习动力。

让学习真正发生

上课了,还没等老师作任何提示,台下的学生已经齐刷刷把手举得高高的,因为他们都是有备而来的,早在课前已做好先学研究。

学生们四五人组成一个小组,小组代表带着团队的研究方案走上讲台,用投影仪呈现出来。原本属于老师领地的讲台,完全被学生占领,老师主动靠边站,认真听着学生讲解。

"谁要和我交流?"每一个上台讲解完的学生都会说这句话,台下有同学已经等不及了,踊跃地举手发言。提问的、质疑的、挑刺的。"这不是最简单的方法""我来给你补充"……

在学生你一言、我一语的碰撞、磨合、求证下,最终找出好几种完全不同的解题方法。

整个过程中,学生才是课堂的主人,老师只是在适当的时候点拨学生思考的方向,引导学生对方法进行总结。老师说得最多的一句话恐怕就是"给这位同学掌声",几乎每个上台讲解的学生,都是在热烈的掌声中从讲台上走下来的,脸上写满自豪与快乐。

这就是生本教育下课堂改革的一个缩影。从语、数、英到美、音、体,都在推行这种学生自主学习的课堂模式。

经过多年的实践,我们形成了"教皈依学,少教多学"的课堂教学模式。这里的"教皈依学",指的是教学的本质就是学,教要转化为学。

教学就是在教师的支持下,激起、强化、优化学生自主学习的过程,教师的使命不是取代、压抑、削弱学生的自学,而是承认他们自己的权利和成果,提供支持和引导。我们要把作为教者的所有活动,变成学生得以自己学的助力。

"教少学多",指的是教师的"教"要尽最大可能地少,而学生的"学"要尽最大可能地多。这里的"教少"具有几个特点:一是启发性地"教",即教师鼓励学生自主学习,主动发现并提出问题,尝试解决问题,教师为学生的学习提供必要而适当的帮助;二是针对性地"教",即教师不要笼统、全面地教学,要针对学习过程中存在的问题及学生的个体差异展开教学,如先教比较薄弱的孩子,我们叫作"喂鸡汤";三是创造性地"教",即集中时间和精力,创造性地设计教学内容和教学过程,帮助、激起、强化、优化学生的自主学习;四是发展性地"教"。

这里的"多学"具有三个内涵:一是"积极学习",即学生全身心地参与学习,探究观念、解决问题,并在实践中运用所学内容,使学习变成发自内心的活动。二是"深度学习",即学生积极地探究、反思和创造,而不是反复记忆,在理解学习的基础上,学习者能够批判性地学习新的思想和事实,将它们融入原有的认知结构中,能够在众多思想间进行联系,并能够将已有的知识迁移到新的情境中,做出决策和解决问题。三是"独立学习",学生在学习过程中逐步摆脱对教师的依赖,自主选择、自主思考、自主提问、自主领悟。如果经过学生个体思考可以习得、领悟的学习内容,应该依靠其个人能力独立完成。

强调学生不仅是教育对象,更是教育的资源;不仅关注学生的外部地位,更关注学生的内部自然天性和潜能的发展。教与学的主体就是学生。教学好比产婆术,在整个生产过程中,产婆不是主体,而产妇是主体。其实学生的学习好比生产,在整个教学过程中,学生学习任何东西,最终都要依靠自己内化。

因此,在教与学的关系处理上,我们教给孩子的基础知识应该尽可能简练,要腾出大量的时间和精力让学生大量地进行活动,使学生的学习动力资源和拥有的基础资源充分调动起来,使之成为一股强大的力量。

我们提倡先做后学、先学后教、以学定教,把思考权交还给学生,把课堂的主动权交还给学生,把学习、思考的时间、空间交还给学生,重视将教学的起点放在学上。

如一节三年级的数学课"感受:简单图形的周长",教师布置了前置性小研究:

在课堂上开展一个测量活动,找身边的物体,先估计它一个面的周长,再测量。教师设计一个先学表格如下:

要求:每个小组一条绳子,一把测量的直尺或卷尺。

(1)小组长组织,4人小组进行合作,4个人都记录,每人都要量一回。

(2)要求找到测量物体后,每人先估计它的周长,再量一量,估计周长最接近测量周长的就奖励一颗星星。

当老师宣布可以测量任何东西时,学生欢呼雀跃起来。一溜烟就开始了,他们量黑板、讲台、窗户、纸张、宣传栏、书包、书本、铅笔盒、铅笔袋、橡皮擦,自己的头围、腰围、耳朵、手掌、脚掌等。

有的孩子不满足于课室,他们走到操场边,开始量操场的长与宽;走到大树旁,动手量树叶的周长、树干的周长;走到标志栏前,动手测量标志栏的长与宽……

放学后,同学们又找到很多有趣的物品。比如,一个正方形的化妆盒、一本台历、电脑的显示器、主机的一个面、电视机正面、一张光盘、一包餐巾纸的一个面、爸爸的手掌和脚掌的周长、一个篮球的周长……孩子们的测量办法五花八门,并且富有个性和创造性:有的先测量物体每条边的长度,再相加;有的用绳子绕物体一周,再量绳子的长度;有的让物体在尺子上滚一圈,滚过的长度就是物体的周长。

在教学过程中,不但教室可以成为学生尽情活动和演绎的空间,整个自然界也可以成为学生轻松表现的地方。学生的热情之高,好奇心之强,涉及的知识面之广,令人惊叹。他们的目光由课室内到课室外,由学校到家庭……正因为学生资源的充分开发,课堂上成为学生能量释放的场所。

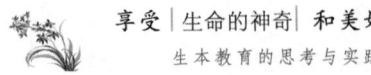

"子曰：天命之谓性，率性之谓道，修道之谓教。"意思是天赋予人的禀赋叫本性，遵循本性处世做事叫正道，修明循乎本性的正道，使一切事物都能合于正道，叫教化。说明真正的教育应该顺应人的学习天性，遵循成长规律，顺势而为。生本教育强调把主要依靠教转变为主要依靠学，就是要把教堂转变为学堂，把教师课程转变为学生课程，把学习变成学生发自内心的活动，使学习成为内在的需求和动力。这样，我们就看到了学习真正的发生。

第五章 实践：教少学多，以学定教

珍视思维的第一缕阳光

创新人才的培养在课堂

2011年，世界医学大奖奖给了中国的屠呦呦，引起全国的很多议论，因为青蒿素的发明团队有200多人，为什么医学大奖没有奖励团队，而只是奖励屠呦呦一人呢？

一位权威人士发表观点，"三个第一"决定了屠呦呦获奖当之无愧：一是屠呦呦第一个将提炼青蒿素的念头带入团队。国家成立了攻克疟疾研究团队，作为公关团队的组长，屠呦呦想到医学古书上曾看到青蒿，于是提出从青蒿入手开展研究，事实证明这个方向是正确的。二是屠呦呦第一个100%成功地提取了青蒿素。当时大家都用加热的办法提取青蒿素，失败了。而屠呦呦思考：加热不行，低温可行吗？于是采用乙醚低温提取青蒿素，成功了。三是屠呦呦第一个将青蒿素在临床上成功运用。"三个第一"让屠呦呦实至名归！"提炼青蒿素"这看似灵光一闪的想法，其实是创新人才在长期实践中形成的创新思维特质。

联想到我们的课堂改革，每天都在培养屠呦呦。不是吗？我经常满怀兴致地阅读孩子们的先学小研究，上面的字迹或者稚嫩来自低年级，或者老道出自高年级，无论是语文的引经据典、数学的方法和"我的例子"，还是英语的自编剧本，处处彰显孩子们独到的见解、个性化的表达，那是独一无二的创造。

我听过刘迅老师三年级的数学课，主要内容是让同学们了解生活中的长度。过去我们是通过背口诀来解决问题的：1米等于10分米，1分米等于10厘米。然后问孩子们懂了没有？全班同学异口同声：懂了！但是到考试时却往往没考好。为什么？因为过去的方式没有把学习的过程还给学生。而在我们的教学中，老师设计好了先学小研究，这样就让同学们在了解长度的换算以外，更重要的是让他们带来"生活中的长度"。

我看到全班每一位孩子带来的例子没有一个是雷同的，自己的铅笔、橡皮擦、家里的桌面电视、爸爸的银行卡，从家里到广州图书馆的距离，生活中所有的一切都可以成为孩子的例子。

有一位孩子带来了自己的身高，她把自己各个年龄段的身高情况以照片为证，一字排开，写着：出生时52厘米、1岁时84厘米、5岁时116厘米、8岁时145厘米。更有意思的是她设想自己18岁时是170厘米。孩子告诉老师，原本她想填180厘米的，后来妈妈说180厘米对女孩来说太高了，还是170厘米比较合适，于是孩子采纳了妈妈的建议。

孩子们不仅找到了生活中的长度，而且带回了满怀的喜悦和自己的判断。刘老师没有告诉孩子标准答案，但孩子们带来了生动活泼的生活所见；她知道在学习中重要的不是学会记住知识本身，而是学习知识过程中掌握的思维方法和思维习惯。

简单、根本、开放的先学小研究

我们的先学小研究，是生本教育中为学生好学而设计的具体体现，即遇到新知识、新困难时，不是老师第一时间告诉学生，而是让孩子们先想想、先做做。先学小研究是生本教学策略的体现，先做后学、先学后教、教少学多、以学定教，直至不教而教。这样能够充分调动和依托学生已有的知识储备和天赋潜能，让学生活动起来，主动去获得知识、解决问题，从而形成智慧。

小研究的设计原则要做到简单、根本、开放。

简单：是指小研究设计目的明确，研究题目通俗易懂，问题清晰。小研究设定的门槛要低一些，从简单核心的问题着手，关注每一位学生，让每一位学生都能进入平台，针对研究问题，不同基础的学生都能下笔，能做出深浅不同的研究结果。

根本：是指抓住课程的本质。做到三句话：语文，推进阅读了吗？数学，抓住根本了吗？英语和其他学科，形成活动了吗？这也正是生本课堂与其他课堂的本质区别之处。强调了语文，要将语文分析转为语文实践；数学，要将知识游戏转为智慧游戏；英语，要将知识分析转为学生活动，将过去碎片化的教学转化为整体的、完整的、学生全身心投入的学习活动。

开放：在学生研究学科知识的同时，允许学生把自己平时的阅读积累、生活积淀、个人思考与个性感悟写进前置性小研究，使学生超越教材、超越教师、超越自我。

设计先学小研究的注意事项：一是布置较难的先学小研究时，教师可以先给全体学生一些提示，让学生能找到入口。二是保护学生的独立性与创造性。对于学生来说，具有新的意义或发现都是创造，允许孩子们有各自的思维方式、思维角度及兴趣爱好。三是重视学生差异性。完成小研究的标准要因人而异，可深可浅，不能用同一标准要求全体学生。对一些稍弱的学生，教师可以让他们"先喝鸡汤"，在学习的起点上给予适当的帮助，而不是在过后进行补课，这样可以事半功倍。

以数学学科为例，在设计先学小研究上的要求

感受课前置性小研究：分单元感受前置性小研究和单个知识点，感受前置性小研究。单元感受小研究有利于让学生在学习之前先对整个单元知识点之间的联系有一个框架性的大体了解，知道要学哪些新知识，自己又积累了哪些相关的知识与经验。而单个知识点的感受课只是让学生通过自己的预习，再结合自己的知识与经验，谈谈对即将所学新知识的理解与感悟。

认识课的前置性小研究：为了促进学生主动学习，充分调动和利用学生资源，更有利于新知识的教学，可以把与新知识重难点有关的问题设计成小研究，先让学生在其能力范围内探究，再通过课堂上的研讨充分理解并掌握新知识。

熟悉课的前置性小研究：认识课后，教师要让学生在解决实际问题的过程中来复习和巩固新知识，进一步提高应用知识解决问题的能力。熟悉课的前置性小研究就是把与各个新知识点有关的练习题以课后作业的形式布置下去，让学生在课前去研究并解决，最后在课堂上通过师生、生生之间的充分交流与讨论,加强学生对新知识的理解和应用。

知识整理课的前置性小研究:当一个单元的知识点学习完毕后,有必要让学生进行知识整理。这样既能让学生更清楚所学知识之间的联系,又可以借助例子让学生复习新知识的重难点以及易犯错误的地方,更有利于学生牢固掌握新知识,增强学生的学习能力。所以,知识整理课的前置性小研究要突出让学生整理本单元重难点和易错误的知识点。

评研课的前置性小研究:评研课分为单元评研课和期末评研课。评研课前置性小研究的题目宜少而精,应是老师根据学生平时作业情况精选出的有代表性的题目,包含本单元的重难点和容易出错的知识点。要求学生在做题的时候,不仅要写出最后的答案,更重要的是还要写出他对每一道题的分析过程,把自己的思维用文字表述出来。这样,在写的过程中,学生既可以使自己的思维变得更清晰,也可以提高他们在讨论交流时的效率和效果。通过"评研"这个环节发现并解决"顽疾",使学生对知识的把握和积累更为充分,使他们在创造的气氛中得到激扬。

先学小研究是学习过程中最重要的一个环节,把学生作为生命的存在,就要突出四性。

一是突出主体性。我们认为教学的本质就是让学生自己学,让他们做自己的主人。当他们是自己的主宰时,他们就会像分得土地的农民一样有了学习的动力。需要老师做到相信学生、尊重学生、依靠学生。

二是突出整体性。生命是一个不可分割的整体,庖丁解牛以后,就不是生命的存在了。因此教学中要将知识生命与学生生命相连,语文课就是带阅读,数学课就是带例子,英语和其他学科就是带活动,这样就使学习联系着他们的生活、阅读、思考、情感,有了学习的动力源泉。

三是突出活动性。过程就是一切,具体的知识结论是重要的,但不是根本的。过程最重要,我们要让孩子们投入到他们喜爱的活动之中,享受过程、享受学习。

四是突出创造性和生成性。这是生命的本质,因此要让我们的孩子满载不完善蓬勃生长。如果让我们的孩子在小学的六年或更长的学习生涯中,时时、天天、处处生活在这种自主、独立、创造和欢乐的课堂中,他们的未来将是多么的虎虎生威,发展将会是多么的精彩纷呈。

有了先学的课堂，就有了学生的交流争辩和思想交锋；有了先学的课堂，我们不仅看到知识和结论，还看到在探寻知识过程中学生能力的提升，更看到生命的状态和精神生命的成长、不断超越和创造的欢乐；有了先学的课堂，我们实现了从主要依靠教转化为主要依靠学、从控制生命转化为依靠生命的两个转变。我们教得很少，学生自己学得很多，我们给孩子最大的自主、独立、自由的空间，学生还我们无限的精彩。

享受 生命的神奇 和美好
生本教育的思考与实践

每天都有新的喜悦

早上晨读,看到一个西方流传的谚语是这样说的:如果你想要几个小时的幸福,就去喝醉酒;如果你想要三年的幸福,就去结婚;如果你想要一辈子的幸福,就去做个园丁。园丁能一辈子幸福是因为做有用的事、与自然融合、对身体的锻炼和每天都会有新的喜悦。读到这里,我特别欣赏"与自然融合"和"每天都有新的喜悦"的说法,这样的园丁比较像做生本教育的老师。

一切从学生中来

一天下午,教美术的田蜜老师来我办公室分享她上课的喜悦。原来几天前,她给一年级孩子上了一节美术课"可爱的虫虫"。看到她脸上洋溢的快乐,感到了她对自己的教学效果的满足,对学生的创作的喜悦,对一年级孩子就能达到那样的状态的惊喜。我也感到非常高兴。

记得那天是星期三,因为上午参加教育局的会议,遗憾没能听课,但是下午在与跟岗学习的国培班校长的交谈中,就听到每一位来访者对我们一年级孩子的表达、思维、创造力赞不绝口,由此我就知道那天的课堂有多么精彩。我想,老师生本了,孩子就有福了,给孩子最大的空间,人人都显得才华横溢。

在备课的时候,原来老师考虑了一个环节,就是示范怎样做橡皮泥。因为这是这节课的重点技法。如果老师没有示范,没有讲清技法,担心听课者会质疑,质疑这节课的知识点没有解决。我说:别人质疑什么不重要,我们上课也不是上给别人看的。关键是考虑我们的孩子,哪些是他们会的,老师不需要教;哪些是需要帮助的,需要老师帮学的。而作为老师要有对孩子百分之百的信心!想想,每一个孩子,还没有上幼儿园,就已经开始玩泥巴、玩橡皮泥,什么技法都没有学,但是什么技法都懂得,从来不需要大人教什么,很多是他们一看就会的。孩子是天生的学习者。如果课堂上一定要回顾做橡皮泥的技法,我提议就让学生把曾经做过的橡皮泥作品带到课堂,并说说是怎样做的,那么,揉、捏、压等技法就会很自然地从孩子们的表达展示中流露出来了,老师甚至只需夸奖、赞叹就够了,根本不需要教。上完课,田蜜老师的喜悦正是:学生太聪明了,我们不能低估学生。

虫虫一定是昆虫吗?不是昆虫不行吗?田蜜老师的课题就是"可爱的小虫虫"。教学参考资料上对昆虫的对称性有非常详尽的描述,如果仅仅看教学参考资料,似乎教材中的虫虫指的就是昆虫。但是,从学生的角度,课题的虫虫在孩子的眼里范围就广了,如有孩子带回了蜘蛛,有同学马上说这不是昆虫。老师这个时候怎样处理?一起备课的时候,田老师告诉我:关于这个问题,她纠结了很久,如果没有严格界定,担心听课的老师会提出质疑,但是如果严格界定,又限制了孩子的想象。怎么办?

我说:在处理这些纠结的时候有一个原则,那就是当我们的想法与孩子的想法不一致时,要让位于孩子,一切从学生出发。既不必照本宣科,更不必为教而教,而是要创造性地使用教材,使教材更好地为学生服务。

另外,美术课不是科学课,我们不是研究虫虫是不是昆虫的问题,而是欣赏、领悟大自然中那些可爱虫虫的对称美和形态美,而大自然中有着对称美的虫虫就不只是昆虫了,还有很多很多。如果从科学的角度局限于昆虫这个概念,对学生会造成束缚。因此,我们无须在虫虫是不是昆虫问题上纠缠,而应以有利于孩子的创造为出发点;无须在意听课者的质疑,而应把学生的质疑放在心上。特别是对那位带回蜘蛛的孩子给予肯定:这位同学带回的虫虫多美呀!让孩子们从是否是昆虫的争论中跳出了,关注对称美的表现是多么丰富,而孩子的创造便更加自由奔放。

看着孩子们做的橡皮泥作品,色彩绚丽,造型独特,充满想象与灵气,多么让人赏心悦目!我想,能成就孩子伟大的老师就是一切从学生出发的生本老师，顺应孩子的生命自然，每天就看到了惊喜，多么快乐呀！这是作为老师得到的最大奖赏！

美术，就是无边无际的创造

刚开学的时候，我参加了美术科组的备课活动。梁湛老师想上第一单元的"未来的交通工具"一课。我们翻阅了教材，教材里选择了从古至今各种交通工具的图片，如马车、轮船、火车、汽车、飞机以及载人火箭，还附上了飞机设计图。很明显，就是交通工具的大荟萃，好像要告诉孩子科技发展的日新月异。编者的意图很明显，就是想通过古代的、现代的交通工具的变化，让孩子创造自己想象的交通工具，真是用心良苦！但是这是成人思维的表现，选材选得并不高明，突出了工具的功能，却失掉了艺术的美，过于强调直白的说教而挤掉了想象的空间，这样的教材对教师、对学生都是一种限制。

我想，所有的科技发明的灵感均来自大自然中的动植物，看无人飞机是否像海里的魔鬼鱼，火箭的原理来自墨鱼的逃生本领。自然界充满了奇妙，很多动植物没有翅膀没有脚，一样能到达它们希望到达的远方，像蒲公英有小伞，小鸟有翅膀，我们从这些奇妙的自然中寻找交通工具，不比展示现代交通工具更能打动孩子吗？况且所有人类发明的灵感，不都是来自大自然吗？其实想要让孩子发挥想象，不需要转弯抹角，只要让孩子们去观察大自然，并说说对大自然中的飞行的认识，就足够了。

这些想法，得到大家的共鸣，我们就打算借助教材的启示，从大自然入手，发动学生去发现、去感受，那些可爱的动植物是怎样远行的，包括会跑的云彩和会飞的风。至于孩子们的创作更是不用担心的事情，因为天马行空所有孩子都会。于是我们决定连课题都可以改，就改为"带着梦想去旅行"。既然是梦想，当然空间就大了，旅行需要交通工具，是怎样的工具或者方式，孩子们会告诉我们的。

依靠孩子的天性来做事情。上课了，梁老师问：请同学们想象一下，我们要到远方、到未来，你想怎样去旅行？

有孩子说："我想骑着扫帚去旅行"，这可能是看多了动画片巫婆飞行的缘故；有孩子说："我要生出一双翅膀去旅行"；有孩子说："我要乘着白云去旅行"。

我们发现孩子的想象是无限的，因此他们的创造也是让人赏心悦目的。但是有人表示怀疑："你这一课的目标是什么？教材中的技法不用教吗？"在很多人的意识中，教材是要抓的，知识点技法是要讲清楚的，如果没有讲学生就没有学好了。很多老师备课的时候喜欢钻研教材，忠于教材，从教材出发，从教师出发，从考点出发，那样只会走向教条、走向控制。而我们生本教育要求一切必须从孩子出发，相信学生、尊重学生、依靠学生，教材不过是一个引子，当与学生发生矛盾的时候，就要抛开教材而把孩子放在心上。

在生本教育中，教师同样要给孩子施加影响，问题是这种影响不是去干预和控制生命，而是为了保护和促进生命的内部选择更加自由。因此，我们的老师在教学设计和教学策略运用时，不是把孩子引入教材让学生就范，而是依托孩子与生俱来的对美的直觉和天然热爱，自由自在地表达他们独特的感受和认识，让自然的美与孩子纯净美好的心灵相契合。

想想世界上的美术大师是教出来的吗？当然不是，而是因为拥有创造美的天赋，而天性又得到激发，从而走向了自身发展的极致。我们的教学不是想办法教什么技法或告诉孩子怎样画，而是为他们的创造和自身感悟创造条件。要相信一旦依靠他们的天性去做事情，复杂的问题也会变得简单。

西方谚语云："教育的本质，不是把篮子装满，而是把灯点亮。"说明如果我们还是把篮子装满，那只能是渐进型的改革；如果我们点燃一盏灯的话，就是一个革命性的变革。看到美术科组的教学实践逐渐走向生本教育，我们的生本教育实践实现了从语文、数学两门学科推广到所有学科，我的心中充满感慨：其实所有学科都可以走向生本的。这些年，学校因为扩招，规模扩大了，美术专用课室没有了，老师们只能在普通课室上课。但有限的条件并没有影响对孩子的培养，美术课上，我看到了孩子无边无际的创造。

享受 生命的神奇 和美好
生本教育的思考与实践

激情和实践，是快乐的源泉

国庆前一天，我参加了英语科组每周一次的教研活动，听了幸莉老师一节三年级英语课和大家的评课。老师们对幸老师的校内研讨课给予了高度评价：先学小研究落实到位，小组合作充分，课堂容量大，真正把课堂还给了学生，更可贵的是师生关系融洽，课堂笑声不断。我也觉得听课的过程是享受的，课堂就是学生的舞台，师生快乐；评课的过程是愉悦的，老师们相互欣赏、借鉴、激励。我也惊喜地看到这堂课解决了以下几个问题。

学生为什么自信、大方、思维敏捷？

因为老师有生本教学的策略：先学后教，以学定教。学生有了充分的先学，人人胸有成竹，有备而来，所以课堂上踊跃地表达，自信、大方地展示。

生本教学的基本流程：个体先学，小组交流，全班汇报，简单而实效。

先学小研究，因为是在校外完成，家长的配合是很重要的，特别是低年级的时候。开始我们担心是否会加重家长的负担，但实践告诉我们，家长的帮扶是暂时的，一旦孩子有了习惯和方法，到中高年级，家长已经帮不上什么忙了，因为孩子已经把家长抛到很远的地方了。如果有孩子还是不能做到先学怎么办？我们还有小组之间的交流。一个小组四五个孩子，小组学习文化形成习惯，就会交流、分享、讨论和互助，没有准备的孩子也得到分享，也有了准备，课堂上就有话说了。如果还有孩子没有准备怎么办？老师的帮学就可以了。所以，不要惊讶在生本课堂上学生举手如林的现象和滔滔不绝的表达，因为每个孩子都是有备而来的。我感慨孩子就是天生的学习者。

学生可以先学吗？

在生本教学中有一个重要的原则：学生会的老师不教，让学生自己做；学生不会的老师要想方设法创造条件让学生自己做。英语不是母语，学生可以先学吗？确实，没有语言环境让学生找资料自己学，是有难度的，但老师有许多辅助资料，例如光碟、录音带、课外书等，这些都可以提前播放给孩子先听先看，有了初步感受后才开始先学。单词、短语、句型和课文，学会一句就展示一句，做到上不封顶，下要保底。课堂上，我看到孩子们关于单词记忆方法的发现，有趣极了。对于比较难的单词，孩子们的记忆方法各异：有的说，我多听几遍录音带就会了；有的说，我用自然拼读法记住的；有的说请教爸爸妈妈就会了；有的说，多写几遍就会了。看，多好！每个孩子都有自己的思考和方法。真的不用担心孩子们不会学。

怎样对待错误？

学生先学，课堂上汇报时做小老师，有些音读不准，会不会造成先入为主的错误，以后很难纠正？其实想想我们每个人学习语言的经历。广州话是最难学的，我的一些朋友来广州10年还不会说，是因为不好意思说，怕说错，所以至今不会说。而敢于开口说、不怕笑话的朋友都学会了，原因是语言的学习就是靠实践。错误是难免的，发现错误是容易的，只要说起来，就能够逐渐完善。

郭思乐教授说："人的感悟理应宽广、舒展、深刻、潜在，它是叩问真善美时无声无息的成长，我们当然不应该以短期有效与否去损毁它。我们需要的是静待花开，而不是急功近利的分数课堂。"因此，在生本课堂上，错误也是重要的教学资源。不要强求一开口就是正确的，不用害怕孩子们的错误。课堂上，孩子们通过自我正音和反复练读，以及大量的实践

享受 生命的神奇 和美好
生本教育的思考与实践

运用活动,语音会越来越准,因为人的本性就是不断地自我完善和提升。这就是生本教育对人建立信心的基础。

形成活动了吗?

这是评价英语课堂的标准。就像开车一样,师傅讲得再多、再好都是师傅的,学生必须自己驾驶才能学会开车的本领。因此在教学中,我们要把教转化为学,要把学转化为活动。让学生与学生之间可以玩起来。因为孩子们在做自己喜欢的事情时是最有效率的,而且会保持高昂的学习热情。例如,如果是单词短语句型,可以全部变成词卡游戏,像语文识字课的识字游戏一样,什么金手指、埋地雷等,学生玩得不亦乐乎,没有不投入的。如果是课文就变成剧本,三两个孩子凑在一起扮演不同角色,情景就有了。老师甚至可以省去制作课件的辛苦,腾出时间思考如何形成更多的活动,多好呀!幸莉老师在课的最后环节安排了课本剧表演,学生更是踊跃,欲罢不能。因此英语课的标准就是:形成活动了吗?

孩子们都先学了,还要老师做什么?

从 20 世纪 90 年代开始,广州市在一年级开设英语口语课,那时引进的外国老师称为外教,给全市老师的示范课上,是满课室跑,全身各个器官,脸部的、肢体的语言都调动起来了,一堂课下来全身是汗,筋疲力尽。当时大家都很崇拜,以为这样就是教英语,现在看来有些滑稽。有位教育家说过,教育不是告诉,告诉人们如何做是侮辱他们的智慧。

有一次,听生本教育名师胡梅的报告,讲到老师在课堂上的 3 种境界:差的老师,自己激情澎湃,学生却在下面讪笑;一般的老师,自己激情澎湃,学生也激情澎湃;最好的老师,自己和风细雨,学生却激情澎湃。我想这第 3 种就是生本教育老师,生本教育老师在课堂上做更有智慧的工作:一是确定课程内容和进度;二是考虑以学定教,考虑如何设计才能让学生好学,像一个高明的导演,搭建好舞台,人人闪亮登场,精彩无限。

正像郭教授所说的:"做生本的老师,有时会显得好辛苦,因为把自己能说会道、能思会想的才能施展出来,总是痛快的。但为了孩子们,他们要抑制自己这种快意产生的机制。可贵的是，他们宁可被视为缺少激情，也尽可能地为孩子创造可以自己产生思想活动的环境，就这样，他们让学习者成长了，而得到最终的快意，无以复加。这就是生本教师总是幸福和欢乐的原因。"

怎样促进语感？

我们开展大表演活动，即以课本对话的学习和表演为中心。在先学小研究方面，学生在教师的布置和学前的指导下对课文对话进行先学，为表演做好准备；在课堂学习方面，学生通过四人小组、自由组合小组、大组竞赛等形式去学习和表演课本对话；在学完一课或一个模块后，又对这一课或这一模块的内容进行改编、表演，或者充分发挥学生的主观能动性和创新能力对课本对话进行整合和拓展表演，在全班面前进行小组表演时，其他学生又在欣赏各小组的表演过程中学习英语；课后，学生还可以和自己的朋友或家人表演课本对话。每一个步骤都与表演息息相关，在一遍又一遍的表演中自然地学习英语、熟悉英语、运用英语。

如何推进阅读呢？

阅读是英语实践活动的重要形式，可以巩固课内所学的读写知识，提高阅读和写作水平；阅读能拓宽知识面，陶冶情操，培养自学能力，促进学生健康成长；阅读有利于提升学生整体英语素质，为其终身学习奠定坚实的基础等。可以说，阅读的质量对于学生整体素养的提高起着不可替代的作用。因此，教师必需积极向学生推荐好的课外读物。读本需由浅入深，故事性强且题材广泛，符合学生的阅读水平。此外，提高课外阅读量、改善课外阅读的态度，进行督促与鼓励，设置阅读笔记、阅读评价表，鼓励学生坚持做阅读记录，激发学生的学习兴趣，帮助学生积累语言、提高理解感悟和表达能力。评价学生的阅读笔记，并将评价作为期末成绩的一部分，避免阅读的盲目性，明确阅读的方向，让学生以书为伴，在阅读中实现知识与能力的积累。

我们英语科组的老师们漂亮又时尚，看看老师们的着装就知道今年世界上流行什么时尚风格，而我还欣赏他们的是：一是有好心态。听课评课

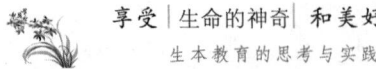

过程中,永远看到同事的长处和值得自己学习的地方,听课、上课者都感到愉悦。二是有追求。老师们从课堂模式到课程资源开发,走过了一条改革创新的道路。因为有追求、有热情,每个人就有了内在持久的美丽。

看着美丽的同事们,我在想,激情和实践是快乐的源泉。这是我可爱的同事一直给予我的启示。

观课不是看老师,而是看学生

"不要做匠人,要做教育家"

梅馨老师是我的恩人和挚友。她是生本教育总课题组的研究员。10年前刚开始做生本教育时她每周都会到我们学校来,带领我们学校的老师领悟生本,实践生本。她的帮助不仅仅体现在学科上,更体现在做人、做教育上,她总能站在人的培养高度谈以生为本的方法。她常说:"做人不要做士兵,要做将军。做老师,不要做匠人,要做教育家。"她说匠人做的是技术活,可以几十年如一日。然而老师面对的不是产品,是生命,不是把他们像做米饼一样用同一个模子

做出一模一样的产品,而是按每个孩子的天性让他们成为他们自己。只要善于思考、反省、实践,每个人都可以成为教育家。

10多年来,从实验之初的迷茫,到毕业班应考的策略,以及改换教材的忐忑,每一次难关都有她的支持和扶持,每一点进步都得到她的鼓励和帮助,使我们在研究的道路上信心满满,激情澎湃,精彩了学生,成就了我们。

"你只要听听自己的心"

梅老师每周有半天来到我们学校,和我们一起研究生本数学的教学。她深入课堂,深入老师,一点点推进,把高深的理论变为具体可操作的课堂教学方法和策略,从一位实验老师到整个团队;从一节课怎样上成生本

享受 生命的神奇 和美好
生本教育的思考与实践

课到一册书或小学六年的教材的使用。一步步走来，使我们从教教材到用教材，从关注课堂上怎样教到关注学生怎样学。

记得有一次，我们一起备课，有位年轻老师有些忐忑不安，说："为了上好研讨课，我看了很多参考书，找了很多资料，看了许多特级教师的案例，觉得每个老师有每个老师的说法和做法，都不知道该听谁的，该看谁的？"梅老师说："你谁的都不要看，要看你的学生；你谁的都不要听，要听听你自己的心。"

梅老师的话让在座的每个人心灵有所触动，正如奥修说的：心灵才是我们唯一的导师。作为老师我们应该思考：教学是什么？教是为了什么？教学依靠谁？这样一些根本的问题。通常的做法是抓住了知识点、考点，却忘掉了学生。在生本教学中提出以学定教，就是要根据每个班、每个学生的具体情况设计适合孩子自己学的方法，由过去设计教师教的思路，转化为设计学生学的思路。这才是教学的出路。

观课不是看老师而是看学生

生本教学的备课，先学小研究的设计是关键。如因数和倍数，教材是将两个内容用两个例题来解释的，似乎是两个独立的概念，容易把学生弄糊涂。梅老师给老师们备课时建议要将两个内容整合在一起，让学生从中发现规律和之间的联系，大家都觉得好。因为这样一来，给学生很大的空间可以讨论、发现、思考。

但这样在课堂上简化了教学环节，腾出更多时间来看学生研究思考成果的交流或生成，老师还是有些不放心，问："这么简单的设计，课堂是否太平淡？"梅老师说：过去的课堂，老师是红花，学生是绿叶，老师设计了许多环节是为了突出老师的水平的。然而在生本课堂，老师总要收敛自己能说会道的本领和百科全书似的知识储备，把教的精彩转化为学生学的精彩，平不平淡不是看老师，而是看学生。看课应该是看学生而不是看老师。

梅老师的指点总是让我们醍醐灌顶，让我们把眼光放在学生身上，审视我们的教不要唯课本、唯教师、唯考试，而是为了学生、尊重学生，并且依靠学生；不是仅仅为了掌握知识，而是为了在学习知识的过程中，让学生形成自己的思维品质，找到解决问题的办法。这样，我们收获的不仅仅是教学，而且是学生的成长。

十多年生本数学成功的两个结论

生本数学走到今天，得到两个结论：一是教学必须依靠学生而不是依靠老师，生本理念指引了方向，学习是学生的事情，教学不是把教师的经验介绍给学生，而是让学生发现、探索，把发现探索的过程还给学生；二是数学学科总结出一套系统的可操作的生本模式，即生本数学的5种课型：感受课、认识课、熟悉课、知识整理课和评研课。

感受课

感受课好比打仗前站在山顶上鸟瞰，哪里有沟壑，哪里有山峦，老师不仅要做到心中有数，也要让学生心中有数，并且各取所需，各取所好，可以天马行空，天南地北，也可以高深莫测，深入钻研。如学三角形的内角和，感受课就可以引进所有关于三角形的资料，三角形的特征运用等都可以谈，容纳学生的所有经验生活、思考和热情；也可以谈三角形的内角和大于180度或小于180度这些大学才学的知识。做到上不封顶，下不保底。让学生学习的热情高涨。

认识课

认识课好比要攻打的城堡，以前的教学一到具体的操作就是师本的，都是老师教。而生本教育的方法要让学生自己来，教师主要负责设计研究性活动。例如遇到障碍，就把问题早早抛给学生研究；又如认识年历一课，一年有几天，二月有几天，这些通过孩子的观察可以得知，但为什么四年一闰，涉及公历记法和我国的阴历记法，这才是突破难点的关键。因此要提前把关键之处交给孩子，进行先学小研究，让每个孩子带着例子、带着方法进入课堂，人人有备而来，课堂上不是展示，而是交流碰撞。这样的课堂怎能不精彩纷呈？

熟悉课

熟悉课是为强化记忆的需要而设的，相当于巩固城堡。有两种方法：愚笨的和聪明的。愚笨的办法是拼命做题，搞题海战术，但学生还是糊涂的。聪明的办法是给一组练习，要让孩子们及时总结相同点和不同点，找出规律和解决办法，练的过程永远发现不同。实现以一当十，举一反三。

知识整理课

知识整理课好比用丝线穿珠子，以前都是老师的事，老师把自己穿好的珠链给学生，学生看懂了，却还是不会做。而生本教育对知识的梳理过程不是来自老师，而是来自学生自己，使得每一份知识整理卷都那么精彩，每一个小研究都是独一无二的。

评研课

和感受课一样，评研课也是生本教学特有的类型，是针对学生的考试而设立的，因为考试能力、应考能力没有可塑性，必须实打实。过去的办法是用拳头打蚊子，把浩如烟海的各地试卷每节课都做，每天都要练，是所谓的魔鬼式题海集中营，学生苦不堪言。

而生本教学让学生做评研，第一次，老师根据教材和重难点出一份普查题，找出学生的难点和还未掌握的知识点。第二次，老师根据学生普遍易错、较难的题目出成评研卷，让学生进行评价研究，在评研卷上可写审题的问题，可写过程的分析，可写思路，可写提醒同学们注意的地方，可写自己的方法，让学生从自己的角度来写，针对性强，最后让学生充分讨论和交流，还要模仿出题。学生出的题目都是自己认为有价值的，带有普遍意义的，既要自己会做，又要考虑别人，满足了学生表现自己、超越自己的内心需求。

把考试评价变成学生的再研究的过程，使评价的主体从老师转变为学生，把评价的功能从进行比较变成研究和发现，让学生在过程的体验中提升自己，找到超越的快乐和发现的快乐。

每种课型既相对独立又相互联系。另外在课堂流程上强调个体先学，小组交流，全班汇报，教师帮助。过去教师的帮助往往是学生出了问题才补，往往会积重难返，力不从心，学生也很沮丧。而生本教育的办法把教师的帮放在教之前，所谓先喝鸡汤，就是根据弱的孩子的学情提前给予辅导，让他们赢在起跑线上，让弱的孩子也有备而来，胸有成竹。这样的教学策略怎么会有差生出现？另外，当教学惯性和理想相矛盾的时候，老师要善于内省和提升，因为悟是个人的，需要有坚定的信念，这样才能实现教皈依学，教育渗透在每一个细节当中。

说起来很简单,只是短短的几句话,从郭思乐教授的理论到课堂的实施,从指导思想到具体的方法和策略,却凝聚着梅老师几十年执着于教育的理想追寻,而我们的教师团队在这样的专家指导下的收获是巨大的,进步是迅猛的。

梅老师是我个人成长和生本教育研究道路上的贵人和导师,我对她充满敬意和感激。

让考试成为快乐的经历

课程改革的一个要求就是以评价促发展，教师要充分发挥教育评价的导向、激励、改进功能。建立促进学生全面发展的评价体系，不仅要关注学生的学业成绩，而且要发现和发展学生多方面的潜能，了解学生发展中的需求，帮助学生认识自我、建立自信。在生本教育实践中，让教育从控制生命走向激扬生命，我们必须改变只以考试和分数来对学生进行知识性评价的方式，应以"评研"来替代考试。

评研的意义

所谓评研，就是评价、研讨，由学生自行发现学习上的问题，通过小组内自主合作的交流、研讨，寻找解决问题的办法。评研，注重一个"评"，突显一个"研"。"评"要评得实在、评得生动，评出孩子的自信；"研"要研得深刻、研得透彻，"研"出孩子思维的火花。"评"促进了"研"，"研"又推动了"评"。如果说"评"是评研课的"形"，那么"研"就是评研课的"神"，是评研课的灵魂之所在。

开展评研活动，是为了把考试评价的主动权还给学生，改变过去评价主体单一的缺陷。学生的自我评价、学生之间的互相评价与教师的评价和谐地糅合在一起，打破了以往以教师为中心的"一言堂"的练习课模式，变教师的"一言堂"为学生的"多言堂"，实现评价主体多元化。

开展评研活动，是为了消除过去以"分数论英雄""一张试卷定乾坤"的传统教育评价和只重结果轻过程的不足。教学的评价更多地关注学生在学习中表现出来的情感体验、学习信心、学习态度和合作探究能力等。

通过"评研"这个环节可以引导学生凭借自身学习经验进行互相评价，发现并解决"顽疾"，使学生对知识的把握和积累更为充分，使他们在创造的气氛中得到激扬，从而获得更为牢固的、生动的知识和能力。

评研课的类别

根据知识点不同，可以分为单项评研和综合性评研。单项评研，就是针对某项专题知识的掌握而开展的评研活动。综合性评研就是评研题涉及的知识点较多，主要考查学生综合运用知识解决问题的能力。

根据评研课开展时间的不同可分为专项评研、单元评研和期末评研。

评研的表现形式

（1）口头评研：多用于一、二年级的评研课中。对于低年级的孩子，书面表达能力有所欠缺，只要能口头表达自己的思想即可。

（2）书面评研：多用于中高年级。要求学生在做题的时候，不仅要写出答案，更重要的是要写出他对每一题的分析过程，把自己的思维用文字表述出来。这样，在写的过程中，学生既可以使自己的思维变得更清晰，也可以提高他们在讨论交流时的效率和效果。

评研课的操作流程

一个完整的"评研"过程一般进行"两评两研"，包含以下几个环节：

（1）课前研究。评研课前先发一份单元卷让学生独立研究解答。

（2）一评一研。让学生先后进行小组交流、班级交流。

（3）小组出题。学生先根据首次评研的情况，筛选出最难的题或最容易出错的题，再仿照老师的评研题或平时练习中遇见的题，每人分工出一些有代表性的题，凑成一份难度不限的试题。

（4）再评再研。同首次评研一样，让学生轻松愉快地进行合作检评，互评互议。

(5) 回顾反思。教师、学生各自回顾两次评研活动，再次简洁总结一下本单元的难题和容易错的题，可以对本次评研活动中各个小组合作学习的情况做个评价，同时总结一下哪些知识点还要加强理解。

评研课的一般教学模式——六步曲

第一步曲——个人独奏曲。学生独立先学，即让学生先做好明天要讲的评研题，同时找出自己认为较难或容易出错的题目。这样的设计基于"先学后教、以学定教"的理念，让学生在课前进行独立思考，这是明天小组合作学习的基础。

第二步曲——小组合作曲。让学生在小组中进行交流。这个环节的设计为学生提供了一个平台，让学生在小组中交流解决方法和困惑，从同伴那里学到好方法，也从同伴中获得交流和分享的快乐。

第三步曲——全班协奏曲。全班汇报，即让学生个人或者小组在班级里汇报自己认为比较难的题目，并就解题方法和需要注意的地方进行生生交流、师生交流，达成共识。此时，在小组里没有解决的题目被带到全班，不仅调动了学生的积极性，而且大大补充了学生没有接触到的知识点。

第四步曲——教师引领曲。教师要结合学生的汇报，进行有效的点拨与引领。这个环节充分显示了教师捕捉信息的能力和智慧，也是对教师引领与组织能力的考量。要做到这一点，教师需要对学生非常了解。

第五步曲——反思评价曲。针对评研题目进行回顾反思，同时对表现特别出色的同学进行评价。

第六步曲——互考互评曲。针对比较难的题目进行互考互评。这个环节的补充，让整节评研课得到最好的反馈。该环节针对评研卷中的难点题目进行训练，让学生再一次巩固和练习，达到最佳的掌握程度。

当然，不是每一节评研课都必须走完这六步，或者说不是每一步都不可以更改。比如说，在突破难点题时，也可以组织学生进行小组交流，再奏响一段"小组合作曲"的乐章。如果要把评研课做得更完美一些，还可以再奏响第七步曲——"展示典型曲"，即把学生的评研卷进行回收，加上一些教师评语，展示典型，树立榜样，激发学生的自豪感和成功感，同时也为学生的可持续发展积蓄了力量。

评研课的注意事项

（1）评研题的选择。选择的评研题一定要具有代表性，否则就失去了"研"的必要。如果题目不精炼，就会导致一节评研课犹如蜻蜓点水，泛泛而谈，"研"不出味道。期末评研卷中的评研题应由年级组集体讨论。

（2）评研课对于慢生的做法。对慢生，需要我们进行特殊的前置辅导，提前给学生"喝鸡汤"，让他们有信心和勇气在课堂上积极表达。同时还要对他们进行长期跟踪辅导，防止这部分学生再次成为其他同学的"陪客"。

（3）评研课的小组建设。要在班上实施评研或者使评研的效果明显，关键不是教师去设计每一个环节，而是组建评研课小组。在小组基本形成后，各专业课老师要跟班主任协商好，制定出一份完善的针对小组的评价制度，劲往一处使，力往一处用。评价制度形成后，应该持之以恒地实施。

评研课的资料保存：每次评研后都要保存好一份空白的评研卷和5份学生完成后的评研卷，作为资料上交保存。

减少规定性，扩大选择性

开展生本教育教学改革以来，我们对作业内容做了有益的改变和尝试。

设计作业时，做到从学生的发展出发，在遵循科学性、合作性、个性化、实践性、多样性原则的基础上，尽可能减少规定，扩大选择，从作业的内容、形式、时间上进行改革，设计了许多让学生百做不厌、富有个性的趣味作业，使作业成为他们放飞潜能的天空，让多姿多彩的作业注入浓浓的生命色彩。我们努力做到了轻负担、高效率。

作业内容丰富多样

讲究作业布置的质量及科学性，尽量减少重复、机械地抄写作业。如语文学科教学时以阅读为核心，作业布置就以推进大阅读、大积累、大写作、大表达、大活动为核心来设计，每周根据学生的阅读量进行"阅读大王""背诵大王"评比；中高年级的学生可以进行名著人物、诗歌等专题研究，通过写专题研究报告或制作手抄报等特色作业，来激发学生的学习。如数学学科以抓住根本为核心来设计作业，有数学小研究、单元知识整理、出评研卷、写数学日记等特色作业。在低年级可以有数学游戏、数学故事、数学小统计；中高年级有数学调查、数学统计报告、数学趣味社团活动等。又如英语学科是围绕活动开展来指导教学的，作业的布置是以推动大阅读、大积累、大表演、大写作，实现语言的综合运用为核心来设计的，有完成阅读卡或积累本、学生进行剧本创作、根据主题写小作文、出评研卷、根据单元学习向同学推荐阅读书目等。

作业形式多样

针对各学科、各年段,依据教学内容及特点,根据学生的不同层次与需要,设计形式多样的作业,让作业灵活起来,有必做与选做相结合、书面与实践相结合、个人与小组合作相结合、口头与书面相结合等形式。作业还可以通过汇报会、展览、比赛等形式,让学生把自己研究的成果通过自己喜欢的表达方式告诉别人,并在交流中产生成就感,培养兴趣、激发探究能力。例如低年级数学,可以是"做小老师",将当天所学知识讲给家长听,可以是与小组同学一起设计好玩有趣的数学游戏,也可以是与好朋友挑战口算比赛等;中高年级数学,则可以是记录"生活中的数学"形成数学日记,可以是在"课前三分钟"汇报对一个新知识的自学成果,更可以是根据当天所学知识出题明天考同学等。再如中年级,语文作业设计了一个非常有趣的生活化聊天作业——"晚餐话题"。这个作业为孩子和家长提供了一个很好的沟通交流平台,同时也丰富了课前三分钟同学们之间交流的话题。"必做作业""自选作业"和"拓展作业",给不同层次的学生留出了发展的空间,更适合学生发展。

作业时间灵活

学校每周三为无作业日,孩子有更多的自由支配时间和自我发展兴趣爱好、特长的时间,很多家长也主动参与到孩子的各类有意义的活动中去。有时我们还会根据作业的内容来安排完成的时间,如两三天完成的、一周时间完成的,或是更长时间完成的探究问题。孩子们在充裕的研究时间及过程中,能力得到进一步发展。我们的孩子们还喜欢用多媒体手段展示自己的研究成果,这样既便于交流和提高实效,又能生动展示自己的研究成果,类似作业形式倍受大家欢迎。我们发现,短期作业与长期作业相结合效果好,学校留给孩子的闲暇时间越多,学生自我发展的原动力就越强,学生的各种能力可得到大幅度提升。

享受 生命的神奇 和美好
生本教育的思考与实践

始终相信学生，尊重学生，依靠学生

这几天，校园开始热闹起来。来自全国各地的同行 100 多人在学校全面听课观摩。有些是为了了解、学习生本教育，有些是为了更深入地做生本教育，生本教育像一条纽带把四面八方的同行联系在一起。

这次上课的老师有五（4）班张眼芳老师执教的语文实践课"汉字的研究"，二（3）班吴殊俐老师的语文阅读课"识字4"。五年级孩子谈汉字研究，人人都带着研究报告进入课堂，人人都有独到的见解和表达，阅读面之广，老师都达不到。再看看二年级的孩子，一篇小课文带出的祖国文化传说故事几十个：嫦娥奔月、后羿射日、神农尝百草等，从孩子口中侃侃而出，是那么淡定、自然，腹有诗书气自华。

刚接触生本教育的老师常常会有两种反应：一是对在生本课堂上，孩子们兴致盎然地表达、交流、展示，人人有备而来感到不习惯，因为跟他们平时的课堂反差太大，殊不知这就是我们常态的生本课堂。老师们的准备有时是一两天，长一些的是一周，完全视学生的准备是否充分来定，因涉及学生的阅读或研究，没有充分准备是不上课的。如五年级张眼芳老师的语文实践课"汉字的研究"，课前看到孩子们研究的范围不够广、不够深入，于是引导孩子们再去读书找书，他们为此阅读了蒋勋的《汉字的书写之美》、瑞典林西莉的《汉字王国》等书籍，并就各自的研究专题写下了大量的读书笔记。所以，我们在课堂上看到孩子们汇报的研究主题有汉字的起源和演变、从甲骨文到简体字、汉字的书写之美、错别字的危害、汉字与祖国统一；表现形式有课件演示、自创的小品相声、小组辩论、故事演讲等。生动活泼，精彩纷呈。孩子们人人有话说，人人有研究，人人有发现，生本老师已习以为常了，因为只有这样，老师的不见自我才能实现。

  二是很多人不习惯，生本课堂老师的"导"体现在哪里？我想这也是生本课堂与师本课堂最大的不同：生本课堂是在老师帮助下学生自己学，师本是老师教为主；生本课堂是学堂，师本课堂是教堂。在我们的生本课堂里，老师的光芒被学生掩盖，退到一边，但又无比重要：先学的设计，课堂的生成、激励，课后引发更多的深入研究等，都需要有教师的智慧和思考。因此，课堂上老师虽然没有振臂高呼，冲在最前面，却又好像有一只无形的手推动孩子们，不断地阅读、思考和研究。就像张眼芳老师所说，他们班的孩子在公开课后，回到班里还在继续展示，孩子们还有很多精彩的观点和表达，大家引经据典，津津乐道，欲罢不能。看着张老师欣喜的笑脸，我为老师的不见自我的智慧喝彩！就像有一根法力无边的魔法棒，轻轻一点，孩子们都变成了爱学习的天使。

  很多人认为教学中应以教师为主导，学生为主体，认为没有老师的导，怎会有学生的学？也常会用温度与蛋来说明教与学的不可分。郭思乐教授曾对此旗帜鲜明地指出，儿童不是谁的中心，而是独立于天地的存在。学生是本体，学是先于教而存在，并不是有了教才有学。什么是本体？就像温度与鸡蛋，虽然没有温度就没有鸡蛋的孵化，但对于温度和鸡蛋两者来说，鸡蛋才是本体，因为温度是可以替代的，而蛋这一生命却是不可替代的。再看看零到三岁的孩子是如何学会母语的，就知道学习是孩子的本能。因此，老师在课堂上的导需要转化为另外一种形式——做学生学习的帮助者。教师的教要学会依托，学会借力，课堂上学会不见自我，尽最大可能给孩子最大的自主、独立和创造的空间。在我们的课堂上，我看到了老师无为的教成就了学生的精彩。

  做生本教育一段时间以后，还会出现另一种情况，那就是会遇到瓶颈。一位老师搞生本教育是容易的，如何使所有老师搞生本教育？一节课采用生本教育是容易的，如何让节节课都采用生本教育？我觉得有几样最重要：先学、小组、单元整合和评研，缺一不可。

先学很重要。生本的先学不同于预习，可学可不学对课堂都没有太大影响。我们的先学，没有充分的先学就不上课。没有先学就没有课堂的精彩。先学也不同于现在流行的导学案，那不过是老师预设的一条路，学生跟着走，还是师本的做法。我们的先学是创造，给了孩子最大的自由思考和创造的空间。

如何设计就抓几个关键字：低入、深思、多做、高出。张眼芳老师"遨游汉字王国"一课的教学中，先学设计只有三个要求：一是三言两语说说汉字——感受汉字；二是博览群书研究汉字——认识汉字；三是情真意切赞美汉字——熟悉汉字。这既是先学设计，也是课堂的基本环节，这样一来，先学简单，课堂环节简单，但给孩子们展示的空间却很大，扎实有效地推进了大阅读、大研究、大表达。

生本课堂除先学外，很重要的是单元整合的思考，一本书或一个单元要变成两张卷子：一张整理卷、一张评研卷。老师对教材胸有成竹，才能指点江山。

另外，像我们的语文以"推进阅读没有"作为评价标准，如果按照过去一篇课文一篇课文地讲，一个知识点一个知识点地教，也是不可能实现大阅读的，因此需要老师腾出大量时间和空间带入大量的阅读，没有单元整合的思考是不行的。

小组的组织建设是关键。没有小组就没有课堂学习文化的推动力，学生不是一个人在学习，而是在一种宽松、愉悦的学习环境中生长，需要同伴的欣赏、包容和鼓励。

小组合作就是以 4～6 人为一小组，将一个班级的学生按照能力、性格、成绩等方面的差异构成若干最优化的"同组异质、组间同质"的合作学习小组，整个过程涉及创建小组、明确分工、分组管理、学习规范、评价激励、及时指导、小组文化建设。还需要建立个性化组名、组规、小组标志牌、组内警言等，从而实行"大"班教育、"小"组管理。

评研是制胜的法宝，抓好评研才能真正修成正果，才会有成绩，实现"素质高，不愁考"。

然而，很多来听课的同行看到的只是一节课，并不能全部了解其中的系统做法，所以，看课以后感到又震撼又怀疑。常听他们说：能不能让我们再看看其他常态课？殊不知我们呈现的就是常态课，只要抓住核心，各类课型的课堂都是一样精彩的。

来学习的老师们都希望把我们所有的先学设计带走。我们把部分老师的设计给了大家还不够，还希望拿各个年级的设计样本。但其实，先学没有固定的样板，每一位老师每一个班级的实际情况不同，设计上就会不同，这才是生本。

如何让老师们掌握先学设计和评研设计，关键是学校营造氛围，让所有老师都参与进来，都行动起来。如遇到问题，大家一起设计、一起研究，不行再修改，从学生出发，从学习发生的地方获得灵感，这样才能走出一条光明的生本之路。

同时还要有坚定的信念：要相信我们的孩子是最棒的。如果总觉得自己的孩子不行，就不可能真正放手。成功没有捷径，要始终相信孩子，尊重孩子，并且依靠他们，做老师的才会有意想不到的惊喜，才会有真正的快乐。

享受 生命的神奇 和美好
生本教育的思考与实践

在学习的核心之处做文章

有一次,广州《羊城晚报》记者采访我们学校的学生,问他们为什么喜欢生本教育的学习方式?孩子们争相回答:"老师讲的总会忘记,自己学的才是我们自己的。"

如何让学生创造自己的学习生活?需要建立起保障学生能自己学的教学机制。我们认识到:学生不是教会的,而是在老师的帮助下自己学会的。过去挤牙膏似的、碎片化的教学方式再也不适用于今天的学生,教师的教如果不能转化为让学生得以自己学的推动力量,即使教得再精彩也是无用的。

我们提出了对现有教材整合和重构的思路,将零散的碎片化的内容整合起来。既考虑教给学生的东西尽可能精简,又考虑给予学生的学习空间要大;不仅要减少对教材的依赖,放下知识点和考点,还要抓住知识的内在联系,把学生这一重要资源调动起来。

我们提出了要在教学设计上以单元为载体落实相关活动,如数学学科就是遵循"大感受,小认识,勤熟悉"的认知规律,形成相关课程。

我们建立起了"教皈依学,教少学多"的课堂教学模式,尽可能将教转化为学。教师的精彩不是表现在学生面前,而是体现在助学上,要做好教材重构、小组建设、班级文化营造等方面的工作,而这些工作最关键的是落实在先学小研究的设计上。

第五章　实践：教少学多，以学定教

建设课堂的新标准

开学不久，我听了四年级李素云老师的数学课，是一节单元知识整理课，对角、线段、直线的相关知识进行再次整理和复习。课堂上，我听得最多的是孩子们说"我想提一个问题""我想分享一个错例""我想作一个补充"，孩子们像上满弦的弓，有着一触即发的强烈学习欲望。

更让我惊喜的是学生思维的严谨和表达的深刻，几个小细节给我留下了深刻印象：一位孩子带着一个例子——他自己画的一个角走上讲台，问"这是九十度吗？"孩子们纷纷议论的时候，他拿出量角器一量，九十度多了一度，细微的差别，如果不是这么一量还看不出来呢。然后这个孩子自豪地告诉大家："仅凭肉眼观察是不是九十度是不准确的，大家要记得在下判断之前要用量角器。"全班响起热烈的掌声。

另外一个孩子带来错例，是他自己画的一个钟面，六点四十五分，他的问题是"时针和分针是九十度，请判断这个说法的对错。"答案应该是错误的，因为时针在这个时候应该偏离了六点的位置。孩子提醒大家：使用钟面判断九十度时，最好拨正点的时间，如九点、三点。这个孩子的提醒又赢得了全班热情的掌声。

整节课就是这样，每一位孩子对于每道题目都有自己的思考和发现，都有自己的提醒和注意，下课铃声已经响起，老师说下课吧，可全班同学都说：老师我们还有更好的方法，让我们说完吧。

"在生本课堂里，错误也可以拿出来分享。而且最可贵的是，我们的老师在最难最复杂的地方，没有干预和讲解，而是给孩子充分的时间讨论。这就是最彻底的生本老师。"与过去师本教师的不同在于，师本的教师很强势，一听到学生回答出老师心目中的答案，就眉开眼笑，忙不迭下结论；一听到学生有错，就如临大敌，急着纠错。而生本教师，要"贵言""稀言"，不现自我，变师本的"有为"为生本的"无为"。师本教师总是担心学生不行，所以喜欢包办代替，老师搭配好各种营养大餐，知识点明确，要求清晰，板书写满黑板。而生本教师从"传授者"变成"引导者""协助者"，从组织教学转向组织学生的学习，从设计教学转向设计学习。师本教师期望立竿见影式的教学，却欲速不达；而生本教师因为角色的转变,进入"我无为而民自化""我无欲而民自朴"的美好境界。

让学生创造自己的学习生活,就要有让学生满载不完善蓬勃生长的评价标准。除了教师的角色转变以外,我们认为生本课堂不是看老师而是看学生,提出了生本课堂的"四有"评价标准:有根基、有空间、有时间、有势头。有根基指的是人人有思考、有方法,有发现问题、解决问题的办法;有空间指的是鼓励多层次、多角度的思维习惯和学习方式,允许犯错误,允许有快慢;有时间指的是尊重差异,以学生的起点为起点,以学生的进度为进度;有势头指的是学生的兴趣得到调动,天性得到满足,充满信心和勇气地迎接新的挑战。老师们甚至提出了生本课堂必须有三声:笑声、掌声、质疑声。

郭思乐教授用诗一般的语言描述了生本课堂的美好:"教育原本似乎是课堂之事,但我们却从中体会到了天地之和煦,人情之至美。在此咫尺之地,孩子们真正地创造了敲击未来之窗,使之豁然开朗。我们要坚持让他们自己开窗,因为每个飞蛾都要自己化茧成蝶。"坚持让孩子"自己开窗",就要减少考试对学生的干扰。我们学校严格执行学业等级评价制度,不准分数排名,甚至一至四年级各科不参加区市统测统考,将期末考试变成评研的方式。

这样的方式孩子会不会考不好?当然不会,他们学会了举一反三、触类旁通,他们有强烈的好奇心,有不断超越自我和创造的渴望,正所谓素质高、不愁考。

从过去的知识点教学转化为语文实践和表达

有一次,我去听缪娟老师的一节四年级英语课。学生的表现让人惊讶。上课了,每位学生都有一本课外英语绘本读物,能够流畅地朗读出来,看得出不是一日的功夫,而是日积月累每日阅读的结果。

每位孩子都有自己的学习方法,当缪老师请孩子们汇报关于以"房子"为主题收集到的资料时,有的孩子展示一首小诗;有的带来一本图文结合的辞典,上面有世界各地最独特的房子,如爱斯基摩人的冰窟、客家人的围屋等;还有的带来一幅画,画中是自己想象中的未来房子……一位男生带了一本英语故事书,正准备汇报,另外一位男孩大声说:老师,我找到的书跟他的一样!缪老师高兴地说:哦,那你们俩就一起给同学们展示一下吧。但是上台汇报的规则是一本书只读其中的一句,孩子着急地请求:我们都想读给同学们听,能不能每人读其中的一句?缪老师连连点头:OK!孩子们高兴地欢呼起来。

然后,学生分成小组,进行他们自编自导的剧本表演,活灵活现,有声有色。我们由衷欣赏缪老师生动的英语课堂,她却说,"其实没有什么特殊的教学方法,阅读就是最好的学习方式"。原来,从一年级开始,她的学生已经阅读了100多本儿童英语绘本读物。

让学生创造自己的学习生活离不开阅读。在我们学校,语文和英语两个学科的教学,彻底从过去的语法分析、知识点教学,转化为语言实践和表达。

推进大量阅读成为首要任务,教学目标定位在大积累、大阅读、大活动、大写作、大评研上。如语文教学,一年级识字近2000个,其他年级开始以读引读、以读引说、以读引写的语文实践,对教材的处理更是大刀阔斧。四年级曹小君老师甚至两个月就教完教材,再补充了10万字的阅读材料。语文课成为阅读推进课,一篇课文带出几十篇美文,一个故事带出几十本专著的阅读。

同时,老师们用各种鼓励措施推动孩子们广泛阅读,如开展丰富多彩的语文实践活动,包括时事评论、故事演讲辩论、读写结合的诗歌创作、阅读笔记、快乐练笔等,培养学生每天保持至少一个小时的阅读习惯,让孩子们知道阅读不是为了考试,不是为了分数,而是与原汁原味的语言文字相遇。这种无功利读书,带来的是博览群书、厚积薄发的境界,实现人均阅读量达1500万字。正像叶圣陶先生说的:爱读书,就好像吃饭穿衣一样自然。

在英语学科,我们学校抓住英语学习的核心,将阅读与活动结合起来,演讲与自编自导英语剧本成为每天都在进行的快乐实践,孩子们学得、读得不亦乐乎。获得广东省"阅读之星"的徐华曼同学曾说"一天不读书就睡不着觉"。

课程再造"三原则":本质化、活动化、综合化

张眼芳老师准备上五年级语文课"遨游汉字王国",希望通过学习让孩子们能感受汉字、认识汉字和熟悉汉字。课前,她看到孩子们研究的范围不够广,书读得不够深入,就引导孩子们再去找书。同学们找来了张大春的《认得几个字》、唐诺的《文字的故事》、瑞典林西莉的《汉字王国》、蒋勋的《汉字书法之美》以及许慎的《说文解字》、曾宪通的《汉字源流》等国内外10多本关于汉字的专著。一位学生的爷爷是中山大学教授,看到孩子读这些大学生才读的书时,感到非常惊讶。

他不知道的是,孩子们不仅要读书,还要就各自的研究专题写下一篇篇读书笔记和研究报告。在课堂上,孩子们汇报的研究主题有:"汉字的起源和演变""从甲骨文到简体字""汉字的书写之美""错别字的危害""汉字与祖国统一";表现形式有自创的小品相声、小组辩论、故事演讲等。有的还制作了精美的PPT课件,展示自己的书法作品,可谓生动活泼,琳琅满目。

邝瀚钊同学选择了"汉字与祖国统一的关系",他发现网络上并没有这方面的资料,好不容易找到了汉字百度百科,发现了很多有用的资料,但是为了与同学们交流,他对材料做了选择,他说:"我的标准,一是看资料有无重大影响;二是看是否有真凭实据;三是大家都略知一二的资料。因为如果是大家都不知道的资料,大家都不懂,再好也没用。"

这样的学习,内容是创新的,突破了教科书的内容制约,学习范围大大拓展;形式上是创新的,不仅有个人自主学习,还有小组合作学习以及社团组队学习等形式;时空上是创新的,学习不局限于课堂、教材、教师,还将研究延伸到课后、课外、社区甚至网络。听课教师非常感慨:生本教育,流光溢彩;听后,心悦诚服!

让学生创造自己的学习生活,就要把核心性的学习还给学生。郭思乐教授有这样的论断:学习的核心即在学生"思想的发生处、知识的形成处、情感的涵育处、德育的生长处"。是的,形成学生自主、有成效学习的关键,在于在学生学习的核心之处做文章,在促进学生发展的根本之处下功夫。

我们按照生本课程资源建设和开发的要求，强调课程"三化"原则：课程本质化、课程活动化、课程综合化。即整合课程，化繁为简。如语文的课程之"根"在推进阅读，数学的"根"不在题海，而在于学生的思维方法和思维习惯，而英语和其他学科的"根"在于形成活动。

其中，最关键的做法是对课程进行本质的改变。我们认为，基础课程本身就具有研究性和活动性，通过活动和研究把各部分课程整合在一起。在我看来，其实所有学科都是大综合，我们应该打破学科的森严壁垒，让课程回归学生生活，让自然、社会、自我都成为课程资源的源泉。由此形成的生本课程体系，才能使学生成为学习的主人，完整经历学习的整个过程，变得独立、自主和创造，成为强势的发展之人。

怀揣基本技能，这就是你最有用的利刃

在校庆日上，我们收到了已经读高中的孩子林倚天同学的来信，在回忆小学接受的生本教育时，她写道："不是只有老师灌输给同学们自己的见解，而是同学们可以自由地提出不是只有往年的、不同区的卷子雪花般飞下，而是我们自己出卷子，信心满满地想考倒同学。"

或许生本班在课堂上没有比其他班多教授知识，甚至做的题也比人家少，但生本教育培养的是一种自学能力，一种主动性，一种团结合作能力，一种沟通交流能力。当然，这种优势在考试体制中未必有用，但当你怀揣基本技能时，这就是你最有用的利刃。而给同学们提供这些能力的训练场，就是骏景小学。

10多年的生本教育研究与实践，使我们的学生变得乐学爱学，老师变得乐教善教，学校质量更是整体提升。2014年国庆期间，广东卫视的黄金时段播出了我校作为广东省教育厅认可的"办人民满意的教育"的先进典型事迹。

回顾所走的历程，我们越发清晰地认识到：真正的教育，应该是激励和引导学生走向自主发展道路的教育，而生本教育正是如此。

享受 | 生命的神奇 | 和美好
生本教育的思考与实践

第六章
核心：找到慧根，推进阅读

题　记

春游的时候，我从植物园买回一棵秀气的葡萄树，养了几天，突然冒出许多枝蔓，原有的装饰用的架子已经不能满足葡萄的长势，于是我把原来种下的一棵花藤拔掉，想重新种下葡萄。花盆里种下的这棵花藤已有一年，枝干不粗，却坚硬无比，没有怎么打理，但是长势强劲，一下就把朝西的一面布满，旁边的两株桂花仅有的一点阳光能照进来的空间也被挡住了。本来早就想拔掉那棵花藤，只是没有更好的选择就作罢了。这次买回葡萄藤，于是利用周六的空闲时间，以新换旧。没想到原有的花藤，虽只是细细的一根藤，但是根系发达，偌大的花盆下面盘根错节，纵横交错，我拿着简陋的工具：一把不用了的炒菜锅铲、一把剪刀。从松土开始，朝着一根根坚硬无比的根顺藤摸瓜似的，找出主根的方向，铲除旁边无数的小根，才能慢慢拔出其中的一根主根。一个小时以后，清理出一大堆根，手也起泡了，腰也疼了。但是也明白了每个生命都有两面：一面在阳光之下我们看得到，一面在阳光背面我们看不到。往往看不到的比我们能看到的更多，这其实是一种平衡，树有多高，根就有多深，所谓的根深叶茂。

想到我们正在进行的推进海量阅读策略，让孩子们博览群书，是为了让他们"腹有诗书气自华"；我们让孩子们广泛实践，自由思考，是为了让他们成为内心强大的人。我相信根深才能叶茂。

第六章 核心：找到慧根，推进阅读

打通知识与心灵的通道

小学五年级语文有一篇课文《草船借箭》，选自于我国四大名著之一的《三国演义》。《三国演义》中那些激动人心、引人入胜的故事，没有哪个孩子不爱读的。于是，一篇文章就是一个引子，引发同学们从一篇课文到整本书的阅读实践，孩子们写下的三国研究报告，有的研究三国中最著名的三大战役，有的研究三国中的城池、兵器，还有的研究三国中的政治性婚姻，有的研究三国人物中为什么关羽至今被人们供奉，也有的研究罗贯中的《三国演义》与史书《三国志》的不同，等等。

为了做好这些研究报告，同学们在老师的指导下认真阅读了《三国演义》的不同版本；为了弄清三国中哪些是历史的真相，哪些是文学虚构，还将《三国演义》与《三国志》对比着阅读；为了做好三国评论，还看了易中天的《品三国》《品人录》等。由此，还开展了一系列的活动，如三国新编、三国诗歌创作、三国研究社团活动，甚至出版了三国报纸，将同学们的研究报告和活动汇集起来。

为了上好《草船借箭》这一课，张老师找到《三国演义》中第五十回"诸葛亮智算华容，关云长义释曹操"作为阅读材料，我与张老师进行了讨论。刚开始，张老师认为自己对三国演义的故事接触不多，加上关于小说中有些章节争议比较大，担心自己驾驭不了课堂。而我鼓励张老师：越是有争议的地方越能引起学生的兴趣。果然，在收到学生的阅读小研究时，张老师发现学生对有争议的内容非常感兴趣，特别是关于关羽该不该放曹操一段，不仅兴趣盎然，而且有思维的深度和广度。

例如，有的同学认为关羽的性格是很讲义气的。从情义上来讲，曹操有恩于他，按照他的性格正常来讲他肯定会放了曹操，放曹操是应该的，而不是像有些人说的不应该；有的认为关羽放走曹操，是违背军令的行为，在古代违背军令是要砍头的，这是非常错误的行为，所以不应该放走曹操；有的认为《三国演义》中诸葛亮让关羽立下军令状，是诸葛亮有心让关羽放了曹操的；有的认为从题目中的一个"智"字，可以看出诸葛亮故意让关羽放了曹操，是为了保住魏国，让魏国牵制吴国不能攻打蜀国，使得蜀国不至于被吴国吞并，维护较为稳定的三国鼎立局面……

因为所有的孩子都有备而来，胸有成竹，因此，我们看到了课堂上每位学生围绕课文中最有感悟的地方，时而引经据典，时而联系生活，时而由此及彼，大段大段地表述，流畅而自信。整节课同学们的学习是在合作、研讨、交流中进行的，学得积极主动：从个体先学，到小组交流，再到全班汇报，整个过程一直乐此不疲，到下课了，还意犹未尽。同学们学得有深度、有广度：从资料整理收集，到各种思想观点的碰撞，讨论争辩，此起彼伏，呈现出多角度、个性化，有感情的流露，有思想的深度，让人叹服学生的博学和灵动。

学生研究报告和孩子们生动活泼的实践活动，充分展示了孩子们的批判性思维、创新性能力、跨学科分析能力、信息素养与互联网素养、归纳与演绎能力等综合素养。

我们的课堂就是这样，一个话题、一个主题或一个问题都可以引发孩子们的疯狂阅读和海量活动。

这样的生本课堂，让我们看到学生超越了教材、超越了老师、超越了学生自己。学习方式早已不是教师的一讲到底，也不是在教师主导下的师生互动，更不仅仅是小组的合作交流、展示汇报，而是转变了传统课堂唯本本、唯考本、唯师本的做法，使得学生的学习不是接受外力的推动，而是从自我心灵找到与所学知识的通道，做到人人对所学都有感兴趣的点，对于文字的理解都能从生活、经历、阅读和思考中找到共鸣，从而产生心灵的激荡。

这就是我们实施生本教育最关键之处——课程实施路线的改变。

一是以活动实践来取代碎片化的分析，把项目学习、主题学习变成日常的课堂。过去，老师们花了大量时间教语文，但以本本、考本为中心，使得语文教学变成得低效、无趣，似乎有一种思维定式，语文教学已经走入了逢文必析的地步，使得所有老师拿起教材就要分析，有人物就分析人物性格，有事件就分析前因后果，花了大量时间却还是在课文里绕圈子，完整的文字被分解得支离破碎，根本无法领略到祖国语言文字的生命和情感，甚至还造成学生厌学的现象。

而我们的生本语文教学从整体入手，摒弃碎片化、"只见树木不见森林"的做法，还知识以生命。整体的知识才有灵魂，就像打破的维纳斯不美，而完整的才美一样，字词句段、听说读写需融会贯通，不着痕迹地化在一个又一个生动的故事和整本整本的书籍阅读之中。

二是要找到慧根，以促进智慧生长。促进人的发展的根本之处就是慧根，语文的慧根就是阅读，没有持续的阅读与一定的阅读量，就没有阅读素养的提升。只有博览群书，才能厚积薄发。一篇课文如何实现让孩子读一本一本的专著呢？我们要求研究专题要与一定的阅读量结合、要与整本整本书的阅读结合。

三是实现整合，化繁为简。我们会对教材做单元整合，或者是一个单元，也可以是整册教材的整合，目的是教给孩子们的知识要尽可能精简，从而腾出更多的时间、空间给孩子大量活动，以此实现教少学多。生本教学方式下的阅读强调整体推进，比如读一篇一篇的文章，读一本一本的书，读了就要给平台让孩子们展示。这样一来，知识对于孩子有整体的意义，与孩子们的生活和心灵产生连接，孩子们就会很快投入学习当中。

四是让知识具有活动性和研究性，通过研究和活动将所有跨学科的课程整合在一起。有了这些之后，就可以实现让老师成为生命的牧者，把教学内容从一大堆的知识点转为知识的灵魂和线索，创造更大的空间来迎接孩子们积极飞扬的学习。

美好的学习生活是德育的基础。"当学生在课堂中真正成为主人，自己去体验和感悟真善美，就可以使教学中饱含的真善美最大限度地进入学生本体，从而起到最大的德育作用，由此，课堂教学成为最自在的、素朴的、无形的德育过程。"

享受 | 生命的神奇 | 和美好
生本教育的思考与实践

教育的美好，就是借助自然之伟力

昨天，许老师来告诉我，周日他们班准备开展班级运动会。这是第三年了，因为校运会上名额有限，参加的同学不多，所以从一年级开始，他们班就在家委的组织下，开展班级运动会，人人都是运动员。她说：这样是为了照顾每一位孩子的感受，让他们觉得在这个班里，每一个人都很重要。

我从旁边观察许敏妮老师，两件事情让我感动。

一是家委会组织孩子们义卖，孩子们参与热情很高，但是得到的善款不一样多，许老师看到了，马上和家委商量，每个孩子获得的善款不适宜公开。她是这样解释的：从捐得的钱来看是有多有少，但钱的多少不是目的，爱是无价的，每位参加的孩子是无价的，她希望所有家长把关注点放在孩子身上，而不要因为钱的多少去看待孩子的付出。

二是最近学校要举行优秀家长评选，敏妮老师班家委工作特别突出，10个名额很难取舍，于是许老师给家长们发了一则信息，一方面感谢大家的辛勤付出，另一方面让大家寄希望于未来的6年。这样大家获不获奖不是最关键的，而是老师这种无微不至的感动。我明白了为什么大家喜欢这样的老师，希望自己的孩子是这样的老师教，因为老师有一颗与孩子、家长心灵共鸣的心，一句话一个小举动，都让人看到她的细腻和温柔。

想起上一次他们班举行了爱心义卖活动，当家长问是否有必要公开每一位孩子义卖所得，许老师毫不犹豫地说：不需要。因为对于低年级的孩子来说，重要的不是捐了多少钱，而在于多少钱都买不到的那一颗颗纯洁善良的心，爱心无价！

记得当时许老师非常平静地讲述着他们班的故事，而我却感动不已：多好的老师，拥有慧心慧根，心里有大爱大善，所教的孩子有福了！常常听见很多家长夸奖我们的敏妮老师，自从她在幼儿园进行了演讲，家长说都想让在小区外读书的孩子回小区学校读书，觉得我们学校的教育理念具有先进性，让大家看到了原来家门口就有好学校。

许老师极高的悟性也反映在课堂教学上。记得有一次，已经是期末，许老师想上诗歌的课。在备课的时候，我们将教材看了一遍，发现教材中可以选择的篇目不多，只有一篇《假如我有一支神奇的笔》，文字生硬，联想生硬，表达爱的方式也是口号式的，没有什么美感，这样的文章连我们自己都不想多读，又如何能打动孩子呢？

后来我们商量，看看教材以外的内容是否有更好的选择。于是，在翻阅儿歌的时候，看到了《萤火虫》这首小诗，诗句不长，但却是传唱了一代又一代的经典佳作，每一个人小时候都读过的。何不就选这篇作为以读引读、以读引说的篇目呢？

这样的文章处处都是阅读点，萤火虫的相关知识、叶圣陶先生的童话及生平也是一个话题。像萤火虫这样的歌谣每个故乡、每个人小时候都有，问问爸爸妈妈，问问爷爷奶奶，各地的童谣民谣，绝对精彩纷呈！我们商量好把这些预设作为这节语文课设计的基本要素，接下来就是放手让学生进行阅读、思考、翻阅、询问和创造。

记得那天许老师的课堂，我们的预设实现了，而每个孩子所表现出来的理解力和表现力却超出了我们的想象。如在汇报家乡的童谣时，孩子们有的用周杰伦般的说唱方式唱出来，有的直接把小时候妈妈怎样教自己的歌唱出来，有的用潮州方言读出来，被称为最古老、最难听懂的潮州话，引来课堂笑声一片。童年的记忆、美好的歌谣、天籁般的嗓音，让所有人沉浸在如诗如画的回忆中，如痴如醉。不仅是听课者，连班上的孩子在日记中也说这节课"刻在我的心里，永不忘记"。

这节课有三个特点。

一是简单带来极致。简单的教学设计，简单的环节，但是却让我们看

享受 生命的神奇 和美好
生本教育的思考与实践

到了学生学习热情的极致。他们始终热情洋溢，高举小手，说了还想说，一位小女孩唱江苏歌谣，唱完了一首，马上说：我还有一首想唱给同学们听！强烈的学习愿望喷涌而出呀！

二是我们看到了孩子们的阅读达到了极致。虽然刚上二年级，但是从孩子们收集的资料看到他们的阅读量很大，如关于作者、关于萤火虫、关于诗歌故事、关于家乡的歌谣，一节课下来都可以集结成集了。

三是孩子们的语言表达水平达到了极致。大段大段地读，大段大段地说，不仅说，还把想法写出来了。直接的读和写就是生本语文的核心，没有专门训练听说读写，但是孩子们的语言表达和交流水平非同一般。

而我们也知道，孩子精彩的背后是彻底生本的老师，首先是许老师的不着痕迹的教。课堂上，没有一句爱家乡、爱祖国的口号，但却是最好的爱家乡、爱祖国的教育，一首首故乡的歌谣，一首首爸爸妈妈小时候就会唱的儿歌，老师说一句"你的故乡的歌真好听"，就把热爱和自豪种在孩子的心里了。其次是许老师教学设计的巧妙，没有教什么，更没有教怎样作诗，但是孩子读多了、说多了，诗歌就从每个孩子的心中流出来了。如有孩子模仿课文写的小诗是这样的："小狗小狗，汪汪叫，跑来跑去真tao气，过来过来吃东西，我的小狗真可爱。我们都要保护它，不受伤，不害怕。"多么清新自然的文字！

《萤火虫》一课的教学，自然的、原生态的思想和精彩的语言恣意流淌，流淌在每位听课者的心里。我们不禁要问，二年级的孩子为何如此打动我们？其实就是生本教育，当她以学生为本实施教育，启发学生的自然能力之时，学生的语言与思辨就会碰撞出灿烂的火花。这火花是迷人的，对孩子一生的发展是至关重要的。

《萤火虫》一课流淌的是学校开放、根本的生本教育理念，流淌的是学校10多年来生本教学背后教师的辛勤与汗水。如果说，一滴水折射太阳的光辉，那么，我想这节课折射的就是生本教育成功的光芒吧！

第六章 核心：找到慧根，推进阅读

来吧，孩子，我们一起阅读

最近有朋友问我：孩子的语文测试成绩不理想，怎样提高？要不要参加课外辅导班？我问：孩子喜爱阅读吗？每天是否有固定的阅读时间？如果答案是否定的，说明孩子还没有养成阅读的习惯，成绩当然不会很好；如果答案是肯定的，我说那就不用担心孩子的语文成绩，喜欢阅读的孩子差不到哪里去。生本实验学校重庆九龙坡第二小学的戚校长是一个执着于研究实践生本教育的人，她曾自豪地告诉我：要让孩子成绩好，就要让孩子爱上阅读。他的儿子考高中时，没有老师看好他，作业不理想，平时考试不理想，却考上了重庆最好的高中，底气来自孩子有大量的阅读习惯。戚校长说，她从来都对孩子充满信心，因为爱阅读的孩子差不到哪里去。

她的话让我印象深刻，在培养孩子的阅读习惯上我也有一些体会。作为母亲和老师，我觉得有几点做法可以让孩子爱上阅读，使孩子拥有强大的发展后劲。

兴趣是唯一的老师

记得五年级孩子邝翰钊有一次跟我聊天，他说："陈老师，有人说兴趣是最好的老师，但是对我们小孩来说，兴趣是唯一的老师。没有人能强迫我做我不喜欢的事情。"当时觉得孩子说得在理。对于培养良好的阅读习惯，家长要有正确的认识，常常听到一些家长说每当看到孩子看课外书就认为浪费时间,或者不允许孩子自己选书,强迫孩子读父母选的书。这两种做法都不能让孩子爱上读书。尊重孩子就要从尊重孩子的喜好入手,不要将大人自己的意志强加在孩子身上。有一次,有家长告诉我孩子不爱读文艺书,只爱读寻宝类的,得到这类书就可以忘记吃饭,问我怎么办好。我说这个时候就要顺势而为,越是和孩子拗劲越不能赢得孩子的心。在刚开始的时候,从孩子的兴趣入手,要善于观察哪些是孩子最喜欢的书籍,孩子爱读什么就读什么。其实什么是好的书,孩子自然有自己的选择。过多的干涉只会打击孩子的兴趣和热情。当孩子还不会读的时候先读给孩子听,等孩子一年级认识了近2000个生字后,鼓励孩子自己读,从读一句两句开始,读多少是多少,并给予正面的鼓励。

从摸书闻书起步

我在美国的同学李薇说起她的两个孩子,学习都很省心,女儿考大学时被四所美国名牌大学同时录取,还有许多可以拿奖学金的兴趣爱好可以加分。她告诉我培养孩子最重要的一点体会是:孩子才刚会爬,就把他们送到图书馆去,不会看,摸摸书也好。其实每个孩子都是天生的阅读者,那些美好的画面总能打动孩子。我觉得这个方法非常好,其实就是给孩子创造良好的读书环境,经常带孩子到书店去自己选书;家里为他设有书柜,定期和他一起整理书架;睡觉的床头摆上漂亮的小台灯,摆上他爱读的书籍,营造良好的读书氛围。

有固定的阅读时间

每天至少半小时固定的阅读时间很重要,不管怎么忙,不管去哪里,都要有雷打不动的阅读时间。记得有一次我们到重庆,因晚上睡觉太晚取消了九点到十点的阅读时间,没有读书。第二天,天才蒙蒙亮,我正在洗手间里看书,儿子也迷糊着双眼,夹着他当时看的《寓言故事》走进洗手间。当时洗手间里没有凳子,就拿了两条大浴巾铺在马桶盖上让孩子坐。儿子坐在马桶上津津有味地看起来,读到会心处,还发出咯咯的笑声,我想那是世界上最美妙的声音。养成阅读习惯的孩子,读书就像吃饭睡觉一样自然。"好读书不求甚解""读书百遍,其义自现",不要求篇篇精读理解，而是追求海量阅读，相信厚积薄发。

妈妈的陪伴

《朗读手册——大声为孩子朗读吧》一书中有一段话很打动人：

你或许拥有无限的财富，

一箱箱的珠宝与一柜柜的黄金。

但你永远不会比我富有——

我有一位读书给我听的妈妈。

我认识的一位 IT 企业的高管郭婉悦女士，曾是国家第一代专业播音员，1997 年下海，现在是广州天河智慧城科技园最早的一位企业老总，气质高雅。她一直对我们由衷感激，因为她的两个孩子一二年级时在我们学校读书，她认为我们给孩子最大的教导在于让孩子爱上读书。她给我看孩子小时候的阅读登记本和小练笔，那是孩子在生本班的成长记录。当然，更重要的是她对孩子的陪伴，不管怎么忙，晚上全家人都不看电视，而是一起阅读。现在她的女儿五年级了，不仅成绩优异，而且是学校各类活动的佼佼者，钢琴、主持、语言艺术类样样出色。更难能可贵的是她每年读书约 300 本。爱上阅读的孩子是内心强大的人，有思想、有眼界，心地善良。

最幸运的是遇到生本语文老师

当然，如果幸运的话就是遇到生本的语文老师。生本语文老师有两项主要任务：保证识字和用字的任务落实。识字是指一年级大量认字近 2000 个，用字是从二年级开始大量阅读，把推进阅读作为根本任务。

以二年级为例，每学期必读与选读结合，老师先自己到书店选书，确定学期阅读计划，列出阅读书目，二年级第一学期的推荐读书有《跟着课本去旅行》《森林报春、夏、秋、冬》等与课本内容相关的书，也有《永远的布谷鸟》等优秀儿童文学丛书，还有《中国成语故事》《寓言故事》等，共 18 本，这些书是为了保底，让班上孩子有共同阅读的书籍。

18 本书如何读，我们又将之分解到各个单元，根据教材的架构，每个单元老师都会与孩子们商定单元的阅读方向和主题，然后开展读书活动，课堂就是阅读汇报课，18本书就在孩子们的交流汇报中自然轻松地读完了。

如果对老师布置的篇目不满足，还可以让孩子或家长自行增加篇目。一学期下来，孩子们的阅读书目远远超出了老师布置的这些。

曾经看过2011年4月21日在国家图书馆正式发布的、由新阅读研究所组织专家研制的"中国小学生阅读书目"，针对一二年级由专家推荐的书有10本，而我们的孩子阅读的数量基本涵盖了这10本书，并且远远超过了这个数量。

当然还有许多有效办法把大阅读进行到底，如评价方式的改变，设立了两个主要作业，每天的"阅读小能手记录表"和一周一次的"快乐小练笔"（图画日记），使读和写成为常态。班上设阅读之星评比栏，只要读完一本书就可以到评比栏上登记，定期进行奖励。期末自主出题（一至四年级不参加市、区教研室的统测统考，减少对知识点"深挖洞式"的干扰，提供"广积粮"的空间给老师和孩子）。

有人担心：强调大阅读，那么语文基础知识如何解决？很简单，主要是通过评研的方式解决。评研考试侧重于表达阅读写作，而这又是孩子们的强项。

来吧，孩子！让我们踏上阅读的旅程，跋涉万水千山，领略无限风光，将来有一天，深厚的积淀就像源源不断的泉水，清澈明净，滋养心田。

第六章 核心：找到慧根，推进阅读

因为简单，所以极致

单元整体教学，是指在小学语文教学中实施的一种单元整体备课、教学的理念和意识，即以主题型语文教科书的主题单元为依托，在整合教科书选文内容、活动内容、练习内容与可链接的丰富的课外课程资源的基础上，进行全盘考虑的单元整体备课、教学。"单元整体教学"与依课次逐一平均用力的教学活动相比，有如下优势：

一是有利于培养整体感知和整体把握的能力。"单元整体教学"便于从整体入手，促使孩子初步感知单元学习内容；在"部分体验"学习活动之后，再回到"整体"上对单元学习内容进行全面把握。长期如此循环渐进，学生的整体感知和把握能力会不断提高，良好的语感也将随之逐渐形成。

二是有利于开发课程资源，培养语文实践能力。"单元整体教学"，可依据儿童认知能力和获知范围，将课堂和其生活世界结合起来，依单元专题采取较为集中的方法途径，学习收集有助语文学习的信息资料。让孩子们通过与大量的语文材料（如图片、文字、他人语言、环境等）直接接触，开阔视野、积聚知识，逐渐形成整理并运用信息资料于课内外学习活动的能力，实现我们生本语文教学中所提出的大阅读，最终实现"以读引读、以读引写"的教学目的。

三是有利于尊重儿童身心发展特点，培养恒久的学习兴趣。"单元整体教学"可有效调剂孩子的学习"胃口"，有效"刺激"孩子的求知欲望。如"部分体验"课，可尊重孩子意愿，从选择他们最喜欢的内容学起，若在选择上有分歧，可乘机开展学习竞赛；"整体回顾"课，为他们搭起"成果展示台"，进行擂台赛，让孩子们不断播种兴趣，不断收获喜悦，不断滋长自信。

我们从单元教学入手，运用生本的做法，通过感受课、阅读课、评研课、作文课4种课型落实单元教学。既能压缩一个单元的教学时间，又能省时高效完成整册教材的教学。

下面以六年级下册第四单元的教学设计为例，谈谈我们大积累、大阅读、大写作、大评研的具体做法，以感受课、阅读课、评研课、作文课4种课型落实单元教学。

第一种课型：感受课

感受课，即是让初次走进本组单元课文的孩子对整个单元有一个整体感知、整体感受，进而为推动大阅读指明方向。其开设目的在于在课堂教学中淡化讲解，注重实质，鼓励感悟，引导学生自主学习，以实践活动形式组织课堂教学，引导学生感悟生活、感悟文字，培养学生敏锐的感受能力和审美能力，最终提高学生的语文素养。

感受课的特点：按照"以读引读，教少学多"的理念指导单元阅读教学，引导学生在单元阅读中捕捉重要信息，抓住主要观点，培养感知单元主题和文章内容以及收集、整理和处理信息的能力。了解学情，尊重差异性，上不封顶，下要保底。以单元阅读为基调，进行整体感悟，明确主题，指引方向，省时高效。

感受课的教学流程：设计先学→课前阅读→交流感受→质疑问难→明确方向。

课前阅读指的是学生先阅读一个单元的课文；交流感受指的是结合自身生活经验或阅读体验谈一谈单元学习的感受，初步明确本单元的主题、大致内容、本单元孩子最喜欢的课文等；质疑问难指的是初次看完单元课文后，学生提出自己的问题和思考，为后续学习做铺垫；明确方向指的是通过学生之间的补充梳理，明了本单元要思考和阅读的方向，拟出本单元课外阅读书目或篇目，为本单元阅读的推进和知识的深刻理解打下基础。

第六章 核心：找到慧根，推进阅读

感受课：先学小研究一

一、本单元课文的专题是什么？你发现本单元的教材安排有什么特点？每篇课文的内容分别是什么？

二、本单元的初学中，你有什么疑问？（问题可以是针对单元、课文的，也可以是课文里面的某个方面的。）

三、结合本单元的学习，你想给大家推荐什么书目呢？

友情推荐：

《鲁滨逊漂流记》《汤姆·索亚历险记》《百年孤独》《飞鸟集》《玉米人》《老人与海》《浮士德》《童年》《雾都孤儿》《静静的顿河》《拇指姑娘》《巴黎圣母院》《假如给我三天光明》《海的女儿》《悲惨世界》《丑小鸭》《百万英镑》《变形记》《格列佛游记》

第二种课型：阅读课

阅读教学是语文教学中最常规、最举足轻重的一个板块，它以阅读为中心，增强感悟，带动听、说、读、写能力的发展。落实到课文教学中，它以课文为引子，以读引读，以读引说，以读带写，大力推进学生的课外阅读，提高阅读量，扩宽阅读视野；在体会文字之美、文章之妙之后，学会在自己的表达中运用与创造。

阅读课的特点：教学中，以文章的阅读感悟作为起点，引发学生更广泛地展开阅读、表达、写作的活动。在阅读教学中我们力求瘦身，放开时间、推动阅读、做空课堂、精妙问题。教师要指导学生去阅读、积累跟文章相关的知识，做好前置性学习。

可从以下几方面去引导学生阅读：从课文相关的人物拓展去阅读；从课文相关的内容延伸去阅读；从相关文体引导去阅读；查找与课文作者相关的内容去阅读。在切入点的选择上，我们根据文章体裁和内容，抓住文章里最根本、最精华、最能代表文章特色的某个方面，或是深刻的思想，或是优美的语言，或是动人的情感，或是有趣的话题，从这些方面简单地切入,设置问题或任务,激发学生进行更多的听、说、读、写的语言活动。

课堂表现形式为以小组为单位进行展示,谈理解、谈观点、谈思考……

阅读课的教学流程:课前先学→交流大意→品读课文→拓展阅读。

课前先学指的是学生围绕老师设计的先学纸和单元阅读书目进行阅读,课文要读正确,课外阅读要宽泛;交流大意指的是交流课文大意,理解课文基本内容;品读课文指的是品读感兴趣的词、句、段,联系生活、课外阅读谈感悟;拓展阅读指的是交流本单元相关主题阅读内容,进一步推进阅读,提升学生的听、说、读、写能力,全面提升学生的语文素养。

阅读课:先学小研究二

一、写写自己对文学的感悟:_____
_____
_____

二、《卖火柴的小女孩》和《凡卡》这两篇文章中,你觉得哪里最打动你?结合阅读谈谈你的联想。(可以结合内容,也可以结合表达方式。)

三、世界文学大师的哪句名言对你影响最大?为什么?

四、哪位世界文学巨匠的文学作品对你影响最深刻?你最欣赏哪个文学形象?谈谈你对这个文学形象的解读。(可以结合人物的命运、性格特点、典型情节的分析,以及它深深触动你心灵的是什么等方面来谈。)

五、在世界文坛上,你最喜欢哪位文学巨匠,理由是什么?请你为他写赞美词。

第三种课型:作文课

推进课外阅读是习作教学的法宝。所谓功夫在平时,只有扎实做好大阅读、大积累,在大练笔时才言之有物,在大展示时才有内容。

大阅读,是指课前阅读、课中展示、课后拓展、主题阅读汇报展示分享等;大积累,是指对成语、格言、诗词、《论语》等经典的诵读;大练笔，是指日记、周记、研究报告（高年级）、阅读笔记、时事评论、当堂片段练笔、当堂作文等；大展示，是指习作评讲课、课前三分钟等。

习作课可以先做后写，先写后教，以读促写，以评促写。

作文课的特点：作文教学是学生思想的自然流露，作文内容要言之有物，有切实的具体内容，切忌言之无物，空话连篇。比如叙事：要说明一定的道理；记人：要说明这个人的性格、品质，而人又离不开事，他做了什么事、怎么做，给读者留下什么印象；写景、状物：要抒发自己的某种思想情感。

作文要有真情实感。写文章一定要有真实的感受，要抒发自己内心的真情，有了真情实感，写出来的文章才会生动感人。事真才能情真，情真才能辞切，真情实感是文章的灵魂。

作文教学要有自由的土壤。鼓励自由表达，只有真正做到自由表达才能做到真实、自主和创新。

大写作和小练笔双重推进。大写作以单元和学生写作兴趣为基点，小写作以即兴练笔为基点，都注重培养孩子的写作兴趣和展示他们的写作能力，以培养学生写作兴趣为突破口。

作文课的教学流程：以读引写、交流分享→联系生活、拓宽思路→明确要求、动笔写作→展示点评、修改成文。

写作前引导学生阅读大量的相关主题的文章，分享自己的阅读感悟；联系生活实际，打通孩子的生活空间和阅读空间，寻找写作素材；拓宽写作思路；动笔前要明确习作要求，然后让学生在课堂上快速高效地当场写作；展示学生作品，发现学生作文中的闪光处，实现以评促写；通过师生互动，生生互动，交流修改，完成习作。

作文课：先学小研究三

一、结合本组课文，整理出描写人物的方法有哪些。

二、请收集遇到危险、灾难、迷失中能够自我保护的故事。（可以是看到的、听到的、亲身经历的。）

三、你曾经遇到过危险吗？你当时是怎么想、怎么做的？结果怎样？

读了《鲁滨逊漂流记》后，假如再遇到这样的情形你会怎样面对？

第四种课型：评研课

传统教育中，教育总是与各种各样的评价紧密联系在一起的，儿童的学习过程必须完全、全方位、实时地处在外部客体的视野中，并借助于客体的反馈进行匡正，或者得以鞭策或激励。这样的评价其结果是教育变成了给人看的教育，教育评价覆盖或改造了教育本身，进而取代了原本的简约、自然的教育文化，使教育完全改观，变得那么压抑、控制、繁重而低效。我们通过6年的探索发现，把传统的这种控制性的"评价"转变为"评研"，从而使考评的主体回归教育的主体本身，使可比性的评价结果淡化为可研究性的评研结果，去除控制性，使教育回归儿童的生命机制。如此回归的好处是：尊重了儿童的自在性和自为性，保护了孩子的积极性和创造性。教育的宗旨就是要让所有学生的积极性得到保护，就是要让一切儿童得到发展，只要对儿童发展有利的教育，我们没有拒绝的理由。因此，在从事生本教育实验这些年来，我们努力探索，积极采取有利于学生成长的评研活动，尽量柔化和减少外部评价，使我校的评价活动体现了生本教育"一切为了学生、高度尊重学生、全面依靠学生"的核心理念。

评研课的特点：分单项评研课和综合评研课两类。

单项评研课，顾名思义就是就某个专题知识的掌握而开展的评研课。原来我们的语文教学总喜欢把相关的知识点融合课文学习来渗透，因此，出现了分析课文、肢解课文的现象，一堂课上，老师要花好多时间去讲解文中出现的知识点。但生本教育对课文、对知识点重视整体感悟，比如对相关的语法知识、修辞知识都以单项评研课的方式推进，整体输入相关知识，达到省时、高效的结果。

综合性评研包括单元评研和期末评研。综合评研课就是围绕单元或本学期的重点出一份先学纸（可以是以前的达标卷、练习卷、单元试卷，也可以是辅导资料），学生完成先学纸。课堂上汇报学生完成的先学纸，引导学生以四人小组为单位进行评研，互相评议知识点掌握的情况。然后就自己薄弱的知识点或出现了错误的地方进行错例分析，直到把相关的知识点弄透彻为止。接着，根据自己或他人的错误点，学生出一份评研卷，教师将每位同学设计最精彩、最有效的试题提取出来，整理出一份来自学生的评研卷，再让学生进行课堂测试。最后对两次评研进行回顾与反思，达到总结提升的目的。

评研课的教学流程如下：

综合性评研：评研先行→一评一研→再评再研→回顾反思→总结提升。

专题评研：设计专题→学生评研→小组交流→班级汇报→交换做题→总结提升。

评研课：先学小研究四

"倒叙""插叙"评研探究表

什么是"倒叙""插叙"	
"倒叙"与"插叙"的区别在哪？请举个例子来说一说，并说明理由	
需要提醒同学的地方或考考大家	
我的发现、收获	

"联想""想象"评研探究表

什么是"联想""想象"	
"联想"与"想象"的区别在哪？请举个例子来说一说，并说明理由	
需要提醒同学的地方或考考大家	
我的发现、收获	

实施单元整合五种课型以来的体会

一、无论哪一种课型，我们的终极目标都是用儿童喜闻乐见的形式推进大阅读。其中，语文活动课不是固定的课型，有时只是在其他的课型中渗透，它的形式内容来源于学生，最后的落脚点也是学生。在开设活动课时，不必用一成不变的内容形式来约束学生。

二、学生独立先学研究很重要。老师是课程的设计者，老师在设计先学时要考虑到，学生学的起点在哪里，怎样落实单元或学段目标，如何做到保底不封顶，如何才能让孩子的知识呈现生命态。学生在独立完成先学研究时，可以借助自学课本、翻阅其他书籍、查找资料、请教他人等方式来开展自主先学活动。对于不同个性的孩子，作业布置要有个性化——在布置作业的时候，要考虑到孩子个性的发展，鼓励他们组团发展，并对他们的发展给予指导，包括探究方向等。

三、小组合作交流讨论是生本课堂教学的一大亮点。这是最能张扬学生个性、分享学生智慧的环节，课堂氛围轻松、愉快、友好，课堂充满生机与活力。让学生在小组中进行交流讨论环节的设计，为每位学生提供了一个参与课堂的平台，让学生在小组中交流先学研究中的解决方法、存在问题、观点体会等，同时从同学那里获得更多知识信息，纠正或完善学生个体对知识的理解，从中体验到分享的快乐。学生在进行小组交流讨论时，教师应当巡视课堂，了解、掌握各个小组的合作学习情况，适当参与小组的交流。

四、课堂即"学堂"。课堂实现了从封闭控制到人文开放的课堂文化转型，由老师为主讲的课堂变成了以学生为主讲的课堂，由传统的"教堂"转变为"学堂"，推进了"先做后学，先学后教，教少学多，以学定教"的教学策略，课堂实现了从"依靠教"到"依靠学"，从控制生命到激扬生命的积极转变，课堂真正实现了"积极、欢乐、高质、高效"，实现了多层次多角度的师生互动、生生互动。

在这样的课堂，儿童是主体，在课前的先学、课堂结构的搭建上合作交流，生成新知。课堂通过老师搭建平台，让学生充分展示自己的学习成果，通过小组交流、全班汇报自己的学习成果，突破教学的重难点。

五、学生是课堂教学改革的最终受益者，在学堂里，不再是老师的"一言堂"，而是学生的"群言堂"。在传统课堂教学中，学生潜能被忽视、思维被限制、智力开发被轻视、情感被压抑，机械被动学习，不利于学生学会学习。在生本课堂的学习中，交流互动乃至总结提升，学生是主角，老师是帮学者，学生的学习兴趣、学习动力、自信心等大大增强，自主、合作、探究的意识和能力大大提高，学生从被动接受知识的过程变为积极、主动的认识过程，实现了生命的成长。

六、在生本课堂文化建设中，教师通过理论学习和实践探索，深入理解了生本课堂文化建设的意义与内涵。教师的角色发生了根本性转变，从过去的复制者、传授者转变为现在的研究者、合作者、促进者，学习需求不断增大，职业倦怠逐渐消失，代之以极大的充实感和职业幸福感，逐步由勤奋传授型教师走向智慧帮学型教师。

享受 生命的神奇 和美好
生本教育的思考与实践

语文教学，来一场静悄悄的革命

十月下旬，天河区教研室举行的天河区小学语文教师个人风格展示活动，要邀请我们学校陈老师上一节高年级语文课。听到这个消息后，我们都为之振奋，因为多年来，我们学校的教学改革是"墙内开花墙外香"，全国各地来访参观络绎不绝，但是区内教研员也好、学校也好，大家对我们的关注、了解和与我们的交往并不多。前不久，因为区教研员刘老师到我校调研时，通过听取学校关于语文学科建设的介绍，发现我校的改革有些与众不同的、符合改革主流的东西，所以马上请陈老师上一堂研讨课，以小学六年级教材第五单元为例。

事情就这样定下来了，结果是意料之中，也出乎意料。意料之中的是我们对我们的学生的信心，多年来不管哪个班的展示都让来访老师惊讶和惊叹；出乎意料的是这次来听课的很多人是区内外名师、骨干，但听完课，大家都异口同声地说："终于看到了理想的课堂"。教研员刘老师说：我们看到的是语文课改的一面旗帜。

那节语文课，教学内容是人教版六年级上册第五单元"走近鲁迅"，一个单元有四篇课文，分别是：《少年闰土》《我的伯父鲁迅先生》《一面》《有的人》。这节课的学习分为五个步骤：

第一步，说说喜欢鲁迅的理由。学生引用鲁迅的名言，或者鲁迅作品中的经典语句，表达自己的理解和感情。有引用鲁迅的诗句"横眉冷对千夫指，俯首甘为孺子牛"；有《故乡》中的点睛之笔"世上本没有路，走的人多了,也便成了路";有《野草》序言里的名句"我自爱我的野草,但我憎恶这以野草作装饰的地面";有鲁迅对时间的感悟"时间,就像海绵里的水,只要愿挤,总还是有的";有鲁迅劝告我们读书的箴言"倘只看书,便变成书橱";有鲁迅对生活经验的总结"生活太安逸了,工作就会被生活所累"……学生并不是简单的引用,而是针对鲁迅的这些名言,充分发表自己的理解,告诉大家自己喜欢鲁迅的原因。

第二步,交流最喜欢哪个评论家对鲁迅的评论。8个孩子在小组交流之后,纷纷站起来发言,有的从文本出发,谈到周晔、阿累对鲁迅的评价;有的放眼课外,谈到政治家、文学家对鲁迅的评价。这些评价从不同角度、不同侧面展现了鲁迅的精神风骨。孩子们更是头头是道,结合自己读过的鲁迅作品,发表自己赞同的理由,这样,鲁迅的形象便一步步在孩子们心中丰满起来。

第三步,交流最喜欢鲁迅作品中的哪一个人物。孩子们在小组交流后,立刻进行全班汇报,从《故乡》中的少年闰土、中年闰土,谈到《祝福》里的祥林嫂;从《阿Q正传》里的阿Q,谈到《孔乙己》里的孔乙己;从《伤逝》里的涓生和子君,谈到《藤野先生》里的藤野先生……最难能可贵的是,学生总能以辩证的思想对待这些人物或者人物身上所具备的特点。比如,学生谈到阿Q的"精神胜利法"时,就说道:"我们要学习积极面对生活中的各种挫折……在失败时,面对挫折,要学会自己安慰自己,争取下次做得更好。但是,也不能过分地使用精神胜利法,那样会使自己堕落。"

第四步,展示送给鲁迅的话。孩子们纷纷用精彩的文字抒发自己对鲁迅的敬仰、爱戴、尊崇、怀念。有的是一段话,有的是一首诗,最绝的是一个孩子写了一副对联!这是一个表现活跃的男孩子,他的对联是:一声呐喊以笔为刀医大众,半世彷徨以书为药救国人。多巧妙的对联啊!不仅平仄工整,写出了鲁迅弃医从文的经历,更主要的是写出了鲁迅毕生的奋斗!而还有一首诗,同样精彩:

你用一支美好的笔

讲述了三味书屋和藤野先生的故事

你用一支善良的笔

享受 | 生命的神奇 | 和美好
生本教育的思考与实践

描写了艰苦的闰土和质朴的祥林嫂

你用一支刻刀般的笔

刻画出了愚昧的阿Q和迂腐的孔乙己

你用一支匕首般的笔

刺向了当时黑暗的政府和封建的幽灵

在这个环节即将结束时,老师问孩子们:"鲁迅自己是怎样评价自己的呢?""鲁迅拒绝了诺贝尔文学奖,为什么?"孩子们的思维再次被激活,鲁迅的形象在孩子们心中更加高大起来!

第五步,十大作家评选。孩子们各抒己见,纷纷列出自己心目中的优秀作家,同时亮出自己的理由和观点。这些作家中,不仅有巴金、冰心、叶圣陶、朱自清、张天翼等文学老前辈,也有活跃在当今文坛的郑渊洁、沈石溪、莫言;不仅有大陆的作家,还有海峡对岸的龙应台等作家……可见孩子们的阅读面之宽广。

这样的课堂,也许颠覆了很多人对传统语文课堂的看法和做法,这也就是我们10多年来的语文课堂改革的真实精彩的呈现。我一直身处其中,享受其中,为我们的老师和孩子达到这样的极致而感动。新课程改革10年,大家终于意识到孩子们快不快乐,取决于课堂,孩子生命质量高不高,取决于课堂,我们要守住课堂,必须来一场静悄悄的革命。我们的老师们用10多年的时间去探索,解决了3个问题:语文课堂为什么而教?语文教学教什么?语文教学怎样教?我始终认为我们的语文课程改革,对原有的教学来说,不是小打小闹,不是修修补补,而是必须来一场静悄悄的革命,使语文教学回归正道——海量阅读,把过去的语文分析课堂转变为语文实践课堂。

语文学习学什么?学原汁原味的语言,读原汁原味的经典,这才是语文教学要教的东西。我们的语文课堂的评价标准只有一个,那就是:推进阅读了吗?将语文课变成阅读推进课,使读书成为孩子们的内在需要和生活中自然的习惯。

作为教师的我们要做的就是学会放下,放下强势教的执着,把教师自己和教师的"教"缩小,把学生和学生的"学"放大。看看我们的学生,六(4)班的同学,有些一年阅读了将近300本书,这是多么惊人的阅读量啊！要顺应这些孩子的阅读需求，我们的课堂必须成为师生共享阅读的欢乐场所，老师不改变是不行的。

看我们的学生，为了研究鲁迅，同学们将鲁迅的小说、散文等文学作品都看了一遍；为了课堂上的汇报，他们还开展小组学习，集中在同学家里，到晚上10点多了还在进行激烈的讨论，查找资料。老师和家长都在催促孩子快回家，但是孩子们读鲁迅，研究鲁迅笔下的人物，津津有味，意犹未尽。后来，家长和老师被同学们的热情所感染，也不自觉地加入孩子的讨论当中，一起探讨对"阿Q精神胜利法"的认识，对鲁迅作品《药》的理解。

教师学会放下的前提是对教育有坚定的信念：相信人人都是天生的阅读者、天生的学习者、天生的思考者，教育就是顺势而为之。我们采取先做后学、先学后教、以学定教的策略，将教者的教材变成学生的教材，允许他们带阅读、带经典、带生活体验进入课堂，所以人人都满怀期待展示自己的所思所想所悟；我们将教者的课程变成学生的课程，变成了学生自己的活动，有的研究鲁迅文学作品中的人物，有的研究国内外学者伟人对鲁迅的评价……不管哪个方面的研究，都来自孩子们的选择，他们体验着超越的快乐和创造的快乐。

这样一来可实现两个愿景。一是让孩子们爱上阅读，实现叶圣陶先生说的：爱读书，就好像吃饭穿衣一样自然。二是让孩子们享受阅读，这种无功利读书，不是为了考试，不是为了分数，而是为了与经典对话、与世界对话、与自己对话。阅读从孩子的兴趣点、生长点入手，人人博览群书，读真正的经典大作，课堂上才能旁征博引，各抒己见，让人赏心悦目。这不就是大阅读的美好境界吗！

这一场静悄悄的语文教学革命，必将使语文教学走入一条布满鲜花的宽广道路。

享受 |生命的神奇| 和美好
生本教育的思考与实践

疯狂阅读班的故事

七月中旬,我突然接到很多原来的同事和家长给我的来信,纷纷报告特大喜讯:2013年毕业的六年(4)班同学在三年后的中考中成绩优异。说真的,孩子们的出类拔萃早在意料之中,但没想到那么优异。还记得同学们曾经告诉我,他们是疯狂阅读班,平均阅读量达2000万字,有些一年读近300本书,总分状元简玥同学小学时就写下网络小说近50万字。当很多学校的孩子在拼命刷题的时候,班主任张眼芳老师却带领同学们进行阅读实践研究。我还记得那一节节激动人心的生本公开课,同学们的三国研究报告、争辩汉字与祖国统一的关系;我还记得孩子们四年级的时候,在张眼芳老师和班级家委会家长的热情邀请下,我欣然答应为班刊《童年的翅膀》写序。

……

一切犹如昨天,一切还是那么难忘,孩子们的出类拔萃在小学时早有端倪!

那是一个快乐而自信的班级。我概括了一下,它有"四多"。

一是承担公开课多。老师们都喜欢去这个班上公开课,无论语、数、英,还是图、音、体等学科。公开课上的孩子们,自信大方,表达流畅,思维敏捷,见解独到,旁征博引,各抒己见,让来自全国各地的听课老师赞不绝口。大家除了惊讶孩子们对知识的领悟和理解,更多的是惊讶孩子们对学习的全然投入和乐此不疲的状态。

二是班上"书虫"多。有一次，我在路上见到四（4）班一位高高的男孩，他告诉我："陈老师，我是一条书虫，我在洗手间也会看书。"当时听了不禁莞尔。后来，张眼芳老师上了一节语文课，题为"一个中国孩子的呼声"，讲的是一个孩子给联合国主席安南写了一封信，表达对和平的呼唤。课堂精彩纷呈，就像一场文化的盛宴。我怀着好奇请张眼芳老师记录孩子们为此阅读过有关战争题材的书籍的数量。后来，老师拿来长长的书单，阅读书目从古至今，从国内到国外，从《史记》《三国演义》《孙子兵法》到《战争与和平》《斯巴达克斯》《青年近卫军》，孩子们的阅读面如此广泛，视野如此开阔，使我明白了为什么课堂上孩子们妙语连珠，让人赏心悦目。因为博览群书、阅读思考已经成为孩子的习惯。

三是班上能人多。每个孩子都是那么聪慧而能干。从学校各类大型活动的主持到班级小社团的建设，校内外活跃着孩子们快乐的身影。记得他们班报《快车时报》的主编和几位记者到我办公室采访，别看孩子们年龄小，但他们已经出版多期报纸。内容涉及传统文化或国内外大事以及校园生活。最特别的是有家长参与的"推广商""广告商"支持他们，报纸不仅在校内传播，而且在骏景社区推广。孩子们还不断招募小记者壮大自己的队伍。我对他们的表现惊喜不已！

四是家长组织活动多。从一年级开始，四（4）班全体家长用极大的热情参与学校工作，班级活动策划更是严谨而周密：学期计划、活动策划、小社团组建、参观旅游等，活动频繁，多姿多彩，有声有色。记得有一次他们班级外出活动竟有将近200人参加，一些家庭除爸爸妈妈参加外，还有爷爷奶奶也参加，可见影响之大，受欢迎程度之高，参与面之广。家长们用行动宣传生本，实践生本，为孩子搭建广阔的成长舞台。有家长说："孩子的事就是最大的事，工作再忙，都要抽出时间参加学校活动。"这些都着实令我感动和感激。

值得一提的是，这个班的班主任张眼芳老师是一位彻底的生本老师。记得在期末，在全校教师成功分享会上，我们请张老师做了题为"懒人"有"懒福"的案例发言。她讲到班级管理如何实现交付、如何依靠孩子的一个个案例，正是用老师"无为"的教，成就孩子"无限"的学的精彩的典型，引起全体老师强烈的共鸣。我也感慨：没有做不到，只有想不

享受 生命的神奇 和美好
生本教育的思考与实践

到。没有教不好的孩子,关键看你是否依靠了他们。

多年来,我们矢志不移地做了一件事:坚持教皈依学,一切为学生好学而设计,把学习的土地还给孩子。我们深知教育的本质就是提升生命,而提升生命最终要依靠生命自身的力量。教育就是顺应天性,孩子是天生的学习者、研究者、思想者和阅读者,他们有无限的潜能。我们所做的就是营造良好的教育生态,让孩子们自由地思考,独立地创造,让真善美的天性得到激扬,让孩子的内心变得强大。6年来,我们坚持一至五年级不参加区内的统测统考,六年级用评研的方式学习,培养出了高素质的学生。素质高,何愁考?我们坚持不搞题海战术,而孩子们却能够以不变应万变,举一反三,触类旁通。过去的教育,培养一两个尖子生不奇怪,而在我们的生本班里,成批的孩子都是尖子生。我们由此看到教育教学中不是城池有多重要,而是人有多重要;有了人,就有了城池。这正是我们的教育追求。

多年来,不管遇到什么困难和质疑,我们始终保持对教育的激情和对生命的敬畏,在纷扰繁杂的变迁面前,始终追逐心中的教育理想,一切为了孩子,高度尊重孩子,全面依靠孩子,让孩子们在自由独立的环境里,满载不完善蓬勃生长。辛勤的付出也被孩子们所感受。忘不了,敬师会上,四班的全体同学自发为老师们高歌一曲,献上自制的小礼物,有一种温暖的情愫让老师和孩子泪流满面;忘不了毕业典礼上,孩子们将一本本沉甸甸的诗集文集、一个个成长足迹的展示,呈献给老师,呈献给学校。我们激动:得天下英才而"生本"地教之,是人生最大的快乐。

孩子们的成长得益于老师们,是他们对孩子的由衷热爱,对教育事业的执着追求,勇于承担,积极探索,创造了一个个奇迹,为我们开辟了一条光明的大道。孩子们的成长也得益于家长们的通力合作。6年来,是他们用信任、尊重和支持,给予我们前进的力量,并与我们并肩而行,在共同营造的良好生态中,使得每一朵花儿开得越发灿烂。

那激情燃烧的生本岁月,点点滴滴,却历历在目;那排除万难只问耕耘的执着,虽有坎坷曲折,却无怨无悔。

第七章
花开：春来草深，花开有季

题 记

  三月的广州还是花的世界，然而却与春节那时的不一样：春节时的花大多开在花盆里，人人都可以把花带回家增添喜气；而三月的花开在树上，一树一树的花让人流连忘返。

  华南农业大学里的紫荆花开得最热闹。校道两旁，红的、白的和紫的花，连成一片一片，空气中带着清新淡雅的花香，四处充盈着抑制不住的喜悦，人们脱下厚厚的大衣，换上了春装，三五成群，结伴赏花，一年又一年，把这一季过成了紫荆花节。

  木棉花开得最热烈。一个冬天过去了，粗壮的树枝上没有一片叶子，却绽放了一朵朵红花，像一把把火炬，点燃了天空的一角。它们是什么时候盛开的，也许没有几个人知道，发现的时候已是满树怒放的姿态了，开得那么热烈，那么高远，刚刚遇见，让人触不及防，感觉就是与春天撞了个满怀。偶尔在树下拾起一朵落花，拳头大小的花还是完整的一朵，几乎没有破损，那么硬朗，那么鲜活，联想到英雄树的美誉，心里没有惜花的忧伤，而是一种敬畏和庄严了。

  有一些树不开花却也很美，如大叶榕和大叶榄仁。惊蛰已过，一场春雨带着寒意，一夜间，满树的叶子全黄了，一阵风雨，金黄的叶片纷纷飘落，像极了北方的秋天，然而完全没有萧瑟的味道，因为过不了多久，当潮湿的空气似乎拧得出水、料峭的寒风隐隐带着一些温暖的时候，仿佛又是一夜间，每一个枝头、每一根树尖，悄无声息地冒出了新芽，像含苞的花蕾，像山间的小竹笋，每天都在变化，每天都在生长。那是春天的讯息，那是生命的萌动，心里莫名地兴奋起来，想象着它们终于冲破束缚展露新叶，美丽新世界就此开启。

来,我们踏青去,可以撑着雨伞走在落了叶的树下,看片片黄叶飘落,而枝头却春意盎然;也可以呼朋唤友,相约花下,迎着春风,沐浴花香,心中也开出了朵朵花儿。

第七章　花开：春来草深，花开有季

春天，在我生命的日子里

9月10日是教师节，校园里处处充满感动。

那天，校园是花的海洋，一声声祝福随花送出，每个老师手上、桌上都是鲜花和贺卡，走进办公室，花香扑鼻；校园也是欢乐的海洋。高年级课室里，小班干组织策划了庆祝会，邀请所有任课老师到会，精心准备了大大的蛋糕，小小的贺卡，一人一句的祝福，热烈的掌声，一齐涌向老师们。来，请老师说几句话吧，几乎每个老师都是泪花闪动着的，老师们说："孩子们好像突然长大了。所有的辛勤付出都是值得的。"善感的孩子也在抹眼泪，老师和孩子都沉浸在欢乐与幸福中。

而我一早回到学校，桌面上已经放着一枝玫瑰、一块巧克力、一支棒棒冰和一颗种子，种子上面写着：快乐每天。棒棒冰和种子是六（1）班陈怡中送的。可爱的孩子已经六年级了，想起他小时候的几个故事。

一年级时送我一个炸弹。那时陈怡中刚上一年级。我上他们班的阅读课。下课时他跑到我面前，说送我一样东西。我问是什么，他突然在我耳边大喊一声，说是炸弹，把我吓了一跳。老师说他上课几乎不听课，满课室跑，还跑到讲台底下躲起来或爬到窗台上坐着。于是班主任梁老师天天把他带在身边，让他做小跟班，无非就是发发本子，跑跑腿。看他也挺快活。

三年级开始，他天天一回学校，首先到我办公室看看我，见面第一句

享受 |生命的神奇| 和美好
生本教育的思考与实践

话是：您好吗？然后坐在凳子上不断摇动，好像在摇木马。有一天，他满脸笑容来到我面前告诉我：老师在全班读了他写的小诗。我叫他拿给我欣赏欣赏，他略带害羞地把作文本给我。诗题为《春》，是这样写的：

摘一朵火红的木棉花，春天被我放在花瓶里
捧一只可爱的燕子，春天被我放在空中
唱一首可爱的歌谣，春天就放在我的生命的日子里

读着孩子写的小诗，我的心中涌动着一种美好的情感，望着还拖着两行鼻涕的他，我知道有种改变正在发生。

四年级时，他来我办公室时再也不摇凳子了，而是跟我谈各种新奇的事物，还问我知不知道鱼雷和潜艇的威力。我说不知道，于是他很得意地讲开了。临走前还不忘借给我一本插图版的《十万个为什么》，还交代我要好好看看。

五年级，他不再天天到我办公室了，偶尔来一次。有一天他来告诉我：他前一天的英语单词听写得了70分。问我："你觉得怎样？"我没说话，只是望着他，他得意地说："陈老师，你知道吗，我上次才60分。"呀，不知不觉孩子长大了，我欣喜地想：一旦孩子有了自主的要求，学习必将成为乐趣和追求。期末，他已经是班里的英语科代表和三好学生。

教师节那天一早，他就把棒棒冰和有"快乐每天"字样的种子，放在我的桌子上。第二节上课前，他到我办公室，告诉我他们六（1）班正在搞活动，请我一定要去看看。我说："你先上去，我一会到。"他说不行。于是，跟着他走，他走在前面先进班里，只听见他说：贵客已到。班里传来一阵笑声和小小的骚动。我刚一进门，热烈的掌声响起，同学们齐声高喊："祝校长教师节快乐！"老师和孩子们笑靥如花，紧接着一块切好的蛋糕递到我手上。班主任梁老师激动地说：自己也没想到同学们精心策划了这样的活动，太高兴了！说这话的时候，老师眼里闪着泪花。我用目光找寻陈怡中，看看他坐在哪里，一下没有找到，但我看到的是一张张阳光可爱的笑脸，陈怡中早已融入这个班级了。喜悦和感动充满我的心间，我不禁对这个班的老师产生油然而生的敬意：6年了，老师辛苦了！为了这班孩子，老师做了许多，但更多的是顺势而为而已。

陈怡中已经六年级了，明年7月就要小学毕业，我想等他长大的某

天，想起小学的生活应该是快乐的、进步的、无忧无虑的。我也常想：理想的校园其实不在乎有一流的校舍、一流的设施或一流的师资，什么最重要？最近二（3）班林睿同学写给我一封信，他说："我心目中的校园是一辆大得惊人的跑车，校长把跑车开得像风一样快，我们全校的同学都觉得太开心了，我们一边看风景，一边对校长说：再快点，再快点。神奇的校车，可以带着我们开过火海，冲过高山。它还可以变成千千万万的样子呢。"是的，理想的校园应该是洒满爱阳光，成就梦想，激扬生命。

谁的眼泪在飞？那是幸福和喜悦的感动，为着每天看到生命的神奇和美好！

享受 生命的神奇 和美好
生本教育的思考与实践

德育的基础在于儿童美好的学习生活

开展生本教育实验以来,每一次听课,每一次与教师的谈话,心中充满的都是惊喜和感动:课堂上,学生是那么自主、自信,旁征博引,各抒己见;课堂外,探究合作,兴趣广泛,个性张扬。教师谈论孩子的话题不再是担忧、生气或恨铁不成钢,而是谁又进步了,什么事情令自己惊喜。所有的变化都来自以生为本的教育思想孕育出的良好教育生态,在这个充满民主、自由、宽容和爱的气息的土壤中,师生的生命得以激扬,个性得以彰显。

"改变我们自己,孩子总是好的。"

郭思乐教授在《教育走向生本》中指出:"人只有处于对他开放的世界,才能显露自我,他的所有敏感、他的禀赋才能发挥作用。生本教育同样要给人施加外部的限制和压力,这种压力不在于改变学生内部的选择力,而在于保证他的内部选择力更为自由。"由此看来,作为教师,我们对待孩子需要更多的呵护和宽容。当我们俯下身来倾听孩子的声音、放下架子体会孩子的用心时,我们发现我们要做的就是改变自己,孩子总是好的。

有一次,四(3)班刘迅老师让学生用自制的书签布置课室里的展报,同学们很快弄好了并请老师过来看看。刘老师一看,书签贴得很乱,老师压住内心的不满,要求学生重新布置。这时,有一名学生走了过来,神情有些不解,问老师为什么?接着她又问老师:有没有看出整个版面被同学们设计成一个"书"字？听学生这么一说，老师重新仔细看了一下那张展报，发现那些大大小小、形状各异的书签确实是组成了一个大大的"书"字，虽然贴得并不精致，但是每一个部位怎样贴都是经过考虑的，例如"书"字的那一钩就是选用一片弯月形的书签贴上去的。细细琢磨才发现，看起来贴得很乱的书签，其实蕴含了学生多少的奇思妙想和别具匠心。刘老师连呼：想不到！一时间，老师心中充满感动——为孩子的聪明和灵性。同时暗暗庆幸：幸亏当时没有草率行事，没有轻易下结论，否则会将孩子们的热情和创造之火给熄灭了。老师不由感慨"改变自己，孩子总是好的"。老师只有放下成人的思维，换一种眼光看待孩子，用心体会孩子的所思所想，不压制、不打击，多些呵护、多些宽容，这一个个小生命必定是以昂扬蓬勃的姿态成长。

是的，需要改变的是我们，改变我们的教育观念和教育方式，树立"一切相信学生，高度尊重学生，全面依靠学生"的思想，努力创造适合孩子的教育，使孩子们在良好的教育生态中真正健康自由地成长。

"芝麻开了花"

芝麻开花节节高！这是四（3）班同学对李冠希的评价，因为他的进步太令人振奋了。四年级上学期以前他是从不交作业、问什么都不懂的孩子，这个学期当上了小组长，英语竞赛获得全班最好成绩，作文频频在班上作为范文宣读。前两天，语文老师郑海薇准备在全班表扬一下他的进步，读了几篇李冠希的作文都赢得全班同学的掌声。这时，学习委员邓博彦提议全班即席作文，写写李冠希的进步，大家都说好。于是，同学们提笔就写，题目有的是"芝麻开了花"，有的是"他让我刮目相看"等。

当郑老师巡视到李冠希时，看到他的题目是"我进步了"，说自己生日的这一天得到老师表扬很高兴。郑老师见是他生日，马上提议同学们为他唱生日歌。音乐刚刚响起，大家发现李冠希已经是热泪盈眶。此时此刻，所有孩子都沉浸在一种美好、温暖和感动之中。教育是什么？就是不断地给孩子们一个个鼓励和一个个美好瞬间。

我曾怀着好奇和兴奋看了他在读书节上获得读书小能手时写的获奖感言，他说当宣布他获"阅读之星"的时候，简直是百感交集，因为这是

享受 生命的神奇 和美好
生本教育的思考与实践

他读书以来从未得过的奖,他说他要把奖状放进家里的玻璃柜,永远激励自己。郭思乐教授曾说过:如果你有了成功的表现,又受到激励,你就会走向更大的成功。而这种激励更多地不是来自外部,而是来自自己。我由此明白了孩子进步的原因,我更明白了教师要学会等待,因为,成长是孩子的天性。

"感谢生本教育培养了这么优秀的孩子"

这话是我校四(1)班杨昌琛妈妈发自内心的话。四年级下学期,孩子转入老城区一所名校。刚去的时候很不适应,因为作业很多,但是第一单元测试全年级第一,而且大家发现这名同学知识面广,思维敏捷,上课时的发言总是最精彩的。这个从一所普通学校转入的学生的表现,惊动了该校的校长、老师,学校请他妈妈介绍经验,他的妈妈说:感谢生本教育培养了他的孩子。杨昌琛的阅读小笔记和数学前置性小研究都被老师、同学和家长拿来学习、模仿,该校为了留住他,减免了不少捐资助学款,并且同意他做作业用回原来学校的形式,其他的可以不做。

其实,像杨昌琛这么会学的孩子在我们生本班里随处可见。正因为我们看到了过去的教并不能满足现代儿童的生存状态,"教"应该皈依"学",所以我们将"教"的起点放在"学"上,采取了先做后学、先学后教、教少学多、以学定教的策略。课前,前置性小研究,把问题交由学生;课上,将学生的研究心得、整体感悟在全班交流展示,呈现出人人思考、人人参与的局面,课堂是生命涌动的课堂,是动态生成的课堂。学生在课堂上引经据典,触类旁通,滔滔不绝。同时,班级文化是宽容的,同伴之间互相欣赏、激励。每个孩子能力有大小,发展有快慢,但在课堂内外,各有各的成长平台,人人有展示的空间。在这样的环境、氛围中成长的孩子,怎能不自信?怎能不爱学?怎能不出类拔萃呢?

绰号也可以是美好的标志

"李大嘴"的故事耐人寻味。他是四年级的李汉明,曾因同学给他起"李大嘴"的绰号而跟同学打了一场架。

后来,班主任刘老师与李汉明谈了一次话,并给他一个建议:绰号不一定好听，却能反映一个人的特点，能否将之变成自己与众不同的称呼呢？又对起绰号的同学提议要善意地对待同学。期末，老师要求大家对中国四大名著写一篇研究报告，李汉明就写了一篇《"李大嘴"品三国》，洋洋洒洒写了三四页纸，对《三国演义》中的著名人物、主要事件发表了一番评价，很有个人见地，同学们对他有点刮目相看。元旦联欢会上，班上同学邀请他一起，自发排练了一个小品"'李大嘴'的故事"。"李大嘴"做旁白，小组同学表演，讲了一系列"李大嘴"的生活趣事，惟妙惟肖，把全班同学乐得直不起腰来，老师更是笑出了眼泪。我们庆幸一个有个性、幽默的、同学喜爱的李汉明融进了这个温暖的班集体。现在的李汉明，喜欢博览群书，思维敏锐，个性突出，说话常会直奔主题，很有见地，已然成为班中的"名嘴"。

"德育的基础在于儿童美好的学习生活。"对这句话我今天有了更深刻的认识。在宽松、宽容的环境里，在对知识的渴求、探究中，在同伴的欣赏、鼓励中，每一个孩子都能成为他自己，成为好孩子。

享受 | 生命的神奇 | 和美好
生本教育的思考与实践

爱读余秋雨文集的女孩

前几天,小学同学肖莉约我喝茶,电话中着急的她表达了急切见面的心情:正在读五年级的女儿快成班里的差生了。我听了大吃一惊:琪琪还小的时候是个人见人爱的小女孩呀。

周六早上,我带儿子来到广州酒家三楼,电梯门刚打开,一位瘦瘦高高的小女孩笑眯眯地看着我,大声叫我陈校长好。我有些不确定,就问:你是肖莉的女儿?她说是的。呀,小姑娘长大了,我都快认不出她了。落座后,看着小琪琪,大大的眼睛,望着人的时候非常大方真诚,开口说话时脸上带着笑容,心里一下子就喜欢这个小姑娘了,哪里能看出差生的影子?我想差生多半是大人给小孩贴的标签。接着跟同学聊起来,才知道原来情况是这样的:三年级以前,孩子快乐无忧,没有考试,没有排名,孩子爱阅读,读了大量的书。进入三年级以后,什么都变了,经常被老师投诉说孩子考试成绩全班倒数,还被老师罚抄书十遍二十遍,并被同学当众取笑。有一次肖莉又被老师投诉,见到老师后,老师要求家长给孩子报名参加补习班,把学习成绩提高上去。肖莉憋着一肚子气说:孩子成绩不好,写错是难免的,罚做十遍二十遍有作用吗?老师说:重做是为了让孩子记得更牢固。肖莉说:我不要求孩子得很高分,她只要知道错在哪里就行了。老师说:你觉得学习不重要吗?肖莉:跟孩子的健康、快乐相比,分数又算什么?谈话不欢而散。老师还觉得这个家长很顽固,我倒是挺欣赏同学的清醒和坚持。

第七章 花开：春来草深，花开有季

我发现现在的矛盾都是因为分数引起的。老师和学生、家长和孩子，都会因为孩子的成绩不如人而暴跳如雷或者焦急恐惧。我曾经跟许多家长交谈，发现不少忧虑的家长告诉我的都是孩子的不尽人意之处，如一年级数学一分钟口算，快的小孩一分钟 70 题，弱的孩子一分钟 8 题。我问他们刚开始时能做几题？家长说只有 5 题。我说那现在孩子已经达到 8 题，说明在进步。多些鼓励，明天说不定就是 10 题，后天可能就十几题了。

只要天天进步不就是最好的状态了吗？人生是一场长跑，不在乎现在能跑多快，而在乎将来能走多远。我们给予孩子的不是教会他们什么，知识技能方面的东西，等孩子到了一定年龄，很难的也会变得容易。重要的是不断给他们心力心劲，让他们快乐，提升素质，至于现在是几分不重要。也有许多家长谈起孩子的学习，说自己几乎没什么时间管孩子，都是他们自己学的，反而天天有进步。

我们要不要看分数？当然是需要的。但我认为快乐、素质、成绩三个目标中，快乐和素质是基础和根本，有了快乐和素质，成绩不过是附属品而已。但仅有成绩，没有快乐和素质就会造成孩子的高分低能或抑郁。前几天我参加了师范同学聚会，见到特级教师陈成祖校长，他是广州市非常有声望的老教育工作者，他跟我说现在的教育是不行的，把一个健康快乐的孩子变成考试机器。他听说我在学校进行生本教育研究非常高兴，说：陈武，你一定要坚持研究，不要因为外界的任何干扰而受影响。

大人聊天，小孩自己玩，我看见琪琪全然没有一般独生子女的刁蛮：大的跟小的争，大的不让小的等，而是会关照弟弟和妹妹，妹妹动作慢一些会耐心等待，喝茶结束小弟弟、小妹妹都吵着要到姐姐家玩，可见小孩也喜欢她。

临走看见肖莉拿着一本厚厚的书，说是琪琪正在看的一本，一看封面是《余秋雨文集》。说起来爱好阅读是琪琪的习惯了，每个假期她都会到图书馆借一堆书回家看，这是其中的一本。这让我一下记起余秋雨在《问学余秋雨——与北大学生谈中国文化》中给北大学子的三点建议：把善良当作生命的根，以此衡量世间百态；把创造当作文化的魂；把自己当作独立的人。只有独立的人格，才有独立的思想。整本书这三句话让我记忆深刻。余秋雨是我比较敬重的作家，他的才华，他的大量的文学作品，他的隐忍，他的受到多少责难攻击却保持特立独行的思想和处世之道，难能可贵。

　　爱读余秋雨文集的女孩，说明爱阅读、爱思考，想想琪琪的友善，和与小朋友们的友好相处，说明孩子拥有一颗善良美好的心灵，这样的孩子差也不会差到哪去。我很高兴我的同学没有一般家长的焦虑和功利，在这个被"不要让孩子输在起跑线上"而忽悠得异常焦虑烦躁的世界里，我们自己、我们的家庭，要为我们的孩子撑起爱与独立的天空。

第七章　花开：春来草深，花开有季

快乐、素质、成绩

2011年的教师节，校园里洋溢着节日的气氛，中高年级的老师们收到一份特殊的礼物——由各班班干部组织全班同学举行的庆祝教师节班会活动，孩子们邀请所有的任课老师来到班里，他们为老师献上自作的小诗，唱上一首自己学的歌曲，表演一段幽默相声。六（1）班班主任聂红梅老师还被要求穿上了有全班同学手绘图案和签名的文化衫，课室里歌声笑声不断，老师们激动得两眼湿润，连呼：孩子们太懂事了，没想到孩子们那么有心。

下午还未到放学时间，校门口已经聚集了许许多多已经读中学的孩子，他们从四面八方赶来，看望教过自己的小学老师，这似乎成为我们学校每年特有的风景。

今年，我也收到了一位毕业两年的学生王渝茜的来信。信是这样写的："尊敬的陈校长，今天是教师节，在此祝您节日快乐。每次想起小学，都会想起您，想到您对我们的笑，为我们着想，心里便无限温暖。其实，我还会想到我们独特的生本教育，因为您的坚持，我们才会受益匪浅。谢谢您，谢谢生本。小学六年的生本教育让我们学会了自主学习，和其他教育不同的是，它将更多实践操作的机会留给了我们，让我们集小组的智慧，团结协作，解决了许多不可思议的问题。也让我们有很大的阅读量和很广的知识面，这是很难得的。我现在中学拿到特等奖奖学金了。"看到这样的来信真让我们高兴，这是许多从学校毕业的孩子的心声。

享受 生命的神奇 和美好
生本教育的思考与实践

我们学校从 2003 年开始进行生本教育实验。10 多年来，学校坚持以学生为本、一切相信学生、高度尊重学生、全面依靠学生的生本办学理念，从两个实验班开始，到现在全校 33 个教学班生本；从语文、数学两个学科生本，到现在各个学科都可以生本；从课堂教学生本，到学校管理、学生活动、教师队伍建设等方面的全面生本。孩子们以学校为荣，因为这里是他们自由快乐成长的乐园；老师以学校为荣，因为收获无为而教的快乐和喜悦。生本教育的研究与实践，已经成为学校最靓丽的名片。

各个学科都可以生本

全校各个学科每周都有半天的固定教研活动时间，星期三就是美术科组的教研活动。2010 年 5 月，轮到毕业不久的林老师上研讨课，按照生本"先做后学，先学后教，教少学多，以学定教"的方式，林老师布置学生进行先学：研究色彩的明度、推移、渐变，并准备创作。

一上课，就开始分小组交流先学研究，然后进行全班汇报，让学生从不同的角度汇报他们认识的颜色，生活的、自然的、艺术的、科学的，学生以小组形式到讲台前共同描述颜色的奥秘。从天空的彩虹到梵高的绘画，从层层山峦深浅变化到两三片树叶颜色的变化，同学们带来的例子丰富生动，无一重复，观察得很到位，描述得很专业。最有特色的是学生创作的画，学生按自己喜好"排列颜色"，有用颜色画的，有用实物排列的，还有学生干脆用光学原理来制造"彩虹"。

如果按传统美术课的标准来衡量，很难说是一节地地道道的美术课，因为老师几乎没有教什么，更没有教学生技法，但该节课却给学生在认识美术领域或者说学生在探索学习艺术的视野上有着开放的独特的引导。听课的老师们惊叹：学生太了不起了。

天河区教研员秦老师说：老早以前就听说过生本课程，也听过一两节生本班的美术课，但印象不深。一直认为生本教育就是一个"教育名词"，或者说生本教育和美术教学没有瓜葛。但今天听林老师上的生本美术课，觉得我们有必要再认识生本教育和生本美术教育。从理论到实践的系统研究与实施，一定会有所作为。

其实这样的课堂已经成为我们的常态课堂。近 20 年来，我们的生本研究从语文、数学两门学科，推广到所有学科，从课堂教学推广到学校管理，所有学科都可以生本。全面依靠学生，就是要做到学生会的老师不教，让学生自己学；学生不会的，老师想方设法创造条件让学生自己学。在课堂上，我们教得很少，学生自己学得很多，我们给孩子最大的独立自主的空间，学生还我们无边无际的创造。

在这样的课堂上，不仅能看到知识和结论，还可看到探寻知识过程中能力的提升，更能看到生命的状态和精神生命的成长：不断超越和创造的欢乐。做生本以来，来自全国各地同行的参观访问络绎不绝。许多人说："我们也进行课堂改革多年，专著也出了几本，但课堂没有实质的改变，你们的课堂才是我们追求的理想课堂，你们学校的课精彩极了。生本，流光溢彩；听后，心悦诚服。"

有困难，找学生

2009年开学第三天，六（3）班曹老师打算按部就班地进行班委的选举，没想到在选举过程中同学们并没有表现出过多的热情。讨论中，意见产生了：

"又是那些职务，没有我适合的，不如还是老师钦点吧。""老是那几个人在控制着职权，这次改选恐怕也是换汤不换药。""看来我整个小学生涯都将与'当官'失之交臂了。"就这样，没当上班干部的也想当当"官"；已经是干部的又嫌做得乏味。

后来杜蔚祺同学提议："不如我们班就来个双重管理吧，除中队委外，再设一个'内阁'管理制度，想过把'官'瘾的，想为班里出力的，有热情、有本事的都可以参加选举。"

话一出，全班同学热烈响应。"那都有些什么职务啊？干什么啊？"曹老师问大家，没想到平时对政治很有兴趣的梁津源、王健几个同学如数家珍般介绍，什么内阁总理、秘书、内政部长、监察长、检察院长、维和队长、军体委员、沟通专家、艺术顾问，具体职责、怎么管理，一一细数，曹老师听了心里又高兴又担忧，建议很好，如何实施才是关键。

同学们似乎看透了老师的心思。第二天，杜蔚琪同学就拿出了一份内阁组建方案。内阁管理设有12个职务，职权面面俱到，旨在实现班级管

享受|生命的神奇|和美好
生本教育的思考与实践

理的人性化、科学化、民主化。提议通过，紧接着就是演讲、投票竞选、定职定位，结果内阁顺利产生。六（3）班除了中队委之外多了一套管理班子——"内阁政府"。

接下来就要进入"执政"期。曹老师召开本届"政府"第一次会议，告诉他们激情的承诺得尽快兑现，一周内必须得做出点"政绩"来，两周以后举行记者招待会，总结工作得失，接受同学质询。孩子们当仁不让，忙得不亦乐乎。

观察了一段时间，曹老师从原来的担心，到放心，到最后的开心。她说：现在我们班的班务几乎都是"内阁"在管，我很少去处理他们的事情，我也由原来的'统领'降为'参谋'，不过班级秩序越发井然了。学生能做的事，我们老师为何要去忙得心力交瘁呢？所以班主任不要把自己当个筐，什么内容都要往里装！还是以生为本，让他们自己去处理吧。"

星星还是那个星星，月亮还是那个月亮，学生还是那群学生，老师还是那个老师，什么改变了？理念改变了，学生做主了，制度完善了，管理生本了。

有困难，找学生。没有教不好的学生，关键看你是否依靠了他们。老师们深谙此道，从此学校不仅课堂是可以交付的，班队活动、班级管理可以交付，学校各类大大小小的活动都可以实现交付。由此我们评价一个班生不生本，就看活动的策划、活动的过程是否实现了交付，班级的管理是否由老师的包办代替转化为学生的独立自主。这样一来，快乐了孩子，解放了老师，老师们每天都能看到孩子带给我们的惊喜，自然心情愉快，工作有动力。老师惊呼：想漂亮，做生本吧！

以生为本，家校合一

2009年3月，我们决定举行支援西南和玉树灾区的抗震救灾爱心捐献活动。以往孩子们都会把自己的零花钱拿出来作为捐款，但如何使我们的爱心活动不仅仅是一种形式，一（4）班李秋苗老师找到了班级家委会的家长们来商量。家长们热情很高，最后决定组织全班孩子进行一次爱心义卖活动。活动前，家长老师作了周密的策划和精心的准备，老师组织孩子们用一节课创作了美丽的图画，家长组织部分孩子到面包作坊制作了爱心饼干。

星期六一早,孩子们头上戴着家长和孩子共同制作的爱心帽,拿着亲手制作的爱心饼干,来到他们生活的社区骏景花园,从东门到西门,只要是人流密集的地方,就进行爱心饼干的义卖;有的还来到小区外的BRT快速公交车站上发动募捐。连最害羞的孩子也喊着:请买我们的爱心饼干。很快四大箱饼干就被热心人士买完了。

下午,全体孩子集中在家长们布置好的爱心义卖会场,准备将他们装裱好的图画在老师、家长的协助下进行拍卖。活动一下吸引了很多人,包括老人、孩子、大人,还有外国人,把会场围得水泄不通,孩子们精美的画作从100元拍到5000元一幅。原来是一名好心人士人2500元竞得一个孩子的作品,孩子的爸爸知道后愿再出2500元,做一次善事,所以一幅画共筹得5000元。

一天的活动紧张而劳累。晚上,一位参加活动的一年级孩子写下了日记:今天我参加爱心义卖活动很辛苦,但是可以帮助有困难的人,我觉得很幸福。家长们看了大为感动,知道了在孩子的教育过程中,不是给孩子多少钱,而是要孩子参与;不是要筹得多少钱,而是体验爱就是付出。

教育不是告诉,而是经历体验,这已经成为家长们的共识。以生为本,家校合一,在我们学校的各类活动中,活动只是一个载体,过程最重要,我们要让孩子在我们共同搭建的舞台上,享受成长,享受快乐。基于这样的认识,各班家委开始行动起来,密切配合学校,协助孩子成立了各类学习小组,如读书会、研究会、文学社、风儿乐队等,还每周每月开展大量的校外活动,如参观、远足,到老人院、聋哑人学校慰问等。家长们说:拥有快乐的童年,就拥有快乐的一生。感谢生本教育、感谢学校,给了孩子最好的教育。

快乐、素质、成绩不是梦

2010年12月,学校合唱队获得广州市合唱比赛一等奖。许多人感到奇怪,我们既不是合唱传统项目学校,也没有高薪聘请专家指点,更没有加班加点突击训练,为什么能拿奖?

其实,不是城池重要而是人重要,有了人,就有了城池。我想这就说

享受 生命的神奇 和美好
生本教育的思考与实践

明了教育是自然而然、水到渠成的结果,我们正是这样做的。学校的各类活动目的只有一个:人人有机会,人人得发展,人人能成功。像我们一年一度的合唱节,全校所有班级,两个或三个班为一组,所有孩子上台表演,有演唱的、器乐伴奏的、舞蹈的,每个人既是表演者也是观众。孩子们穿着各自的班服,带着各种独特的道具,在舞台上载歌载舞,尽情歌唱。节目的间歇,就由各类小社团上场助兴,爵士鼓、萨克斯管、风儿乐队等齐上舞台。一年一度的合唱节变成了全校师生家长的狂欢节。而在平时,校园周周有歌声,班班有合唱队,各班期末考试就是开音乐会,校园处处欢声笑语,歌声飞扬,让孩子们为喜欢而来,为展示而来。要参加比赛了,我们就将特别喜欢唱歌的孩子召集起来,短短一个月的训练,就获得了最好的成绩。

这种做法在全校推广开来,如美术学科的考核就是开师生画展,体育学科的考核就是开运动会、游戏节、班际球赛等,语、数、英考试就是做评研。学习就是发现,学习就是创造,学习就是快乐,我们看到有了成长就有了成绩,成绩优异不过是孩子学习快乐、素质提升的附属品。教育中只要有了人,教育的价值就能真正实现。

快乐、素质、成绩不是梦,而是现实。在多年的生本教育实践中,我们努力践行两个转变:教育从主要依靠教转变为主要依靠学,从控制生命转变为激扬生命。我们欣喜地看到:学校发生了天翻地覆的变化。我想:什么是给孩子最好的教育?那就是让每个孩子真正自主、独立、创造而又善良美好。正是"春来草自青,花开信有季",以生为本勤实践,处处芳菲爱满园。我们正走在享受教育的美好和幸福的大道上。

第七章　花开：春来草深，花开有季

我的小学班主任老师

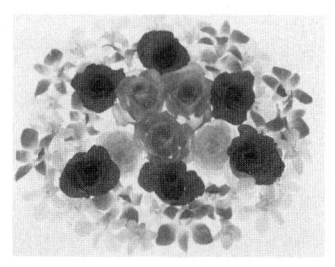

　　那天参加小学同学聚会。十一月初我还在外地出差，收到志红的电话说小学时的许丽雅老师从深圳来广州要和同学们见面，我因赶不回来，遗憾得很。这次，因同学志基从加拿大回来，所以志红又召集大家开一个小型的聚会。

　　走进二沙岛陶苑酒家东京房，一眼看到几个同学，有的一下就认出了他们；有的觉得陌生，但开口说了两句话，从来没有有意去记的名字就从嘴里蹦出来了。聊多几句，小时候的形象就渐渐清晰起来；再聊了一会，感觉好像又回到从前，回到小时候了。大家似乎都没变：班长建毅还是领导风范，是谈话的主角；"小辣椒"志红是召集大家的秘书长，开朗外向；矜持美丽的李文还是那么漂亮知性；以前最矮的伟强和志基，现在是最高的，帅气十足，两个都是自己开公司的老总，一个在广州番禺，一个在加拿大渥太华；圆滑幽默的耀球现在是白云机场物流公司主管；小时候最得许老师宠爱的海明、建新，现在是电力系统的骨干；晓宇据说是炒股高手，显得儒雅内敛。

　　我们是从小一起长大的。由于那时我们的父母都是火电安装公司的职工，我们同在火电安装公司子弟幼儿园、子弟学校读完小学和初中二年级。大家从乌石或者茂名刚汇集到黄埔的时候，学校还未建好，我们在茅棚做的简易教室里读书嬉戏。那时的生活不太记得是如何的艰辛，只记得多么无忧无虑。因为生活在一个大院里，非常安全，我们常常玩石头、跳橡皮筋、跳格子或者骑单车，有时还跑到附近山上疯玩，玩到天黑了才回家。那时的我们好像是放养的,自由野性,快乐无比。

在三年级的时候,我们遇到许丽雅老师。那时的她刚刚高中毕业,长得美丽端庄,两根粗粗的辫子,大大的眼睛,白里透红的皮肤。那时我们大概是八九岁吧,还是懵懂年少,但已经知道什么是漂亮,觉得在遇到许老师以前,教我们的老师都是很老、很憔悴的。许老师的美丽让我们心动不已,眼光总是追随她,喜欢她的一举一动,喜欢被她表扬,喜欢被她吩咐,如果荣幸被许老师安排做了什么事情,好像很光荣似的,一整天都乐滋滋的。直至今天,想起许丽雅老师,童年记忆似乎也因此充满阳光和亮丽的色彩。最可贵的是,那时我们班是全校的先进班,许老师的一句话、一个眼神,都被同学们奉若圣旨一样去完成,所以无论是课堂纪律还是课外活动,我们全班的表现都是最好、最团结的。还记得我们上课的情景,腰板挺得笔直,小手摆得端正,一看见哪个调皮的男生坐不住,马上有几个女生隔了几行都要嚷着要他坐好,所以当时的男同学应该很难受的,他们的小小动作都逃不过女生的眼睛,没有半点开小差的机会。我们班的团结是出了名的,即使到了初中换老师后,我们还是那么齐心,有一次大家为了去飞龙山野餐而逃学,也都是全班一起干的。

还记得我到高年级时近视了,老师把我安排到最前面一排,跟全班最矮的梁伟强同桌。他是个机灵聪明的人,大家的课桌中间划了一条线,表示井水不犯河水,不准越过"国界"。谁的手越过界了,马上会得到被敲打的警告。回想起来,小时候大家也不是仇深似海,而是一种交流的方式,男孩女孩,两小无猜。

不记得当时是什么原因,我喜欢把笔盒中所有的能拆的笔都拿出来,不停地拆了装、装了拆,一桌子都是被拆散的笔和零件。有一次被许老师点名,让全班同学看看:"陈武在干什么?"引得同学们哄堂大笑,我好像也脸红了。

最记得当时班上学习最好的李薇喜欢上了班上的鼻涕班长宏杰,似乎天大的事情,在我们的心中炸开了锅。我们一群女生怀着好奇、羡慕、害怕的复杂心理,偷偷看了日记不说,还报告了许老师,但是好像许老师并没有大惊小怪,最后也不了了之了。记得当时李薇好像唤醒了我们心中正在生长的某种情感,我开始变得多愁善感起来。那时的我多么希望也有一

第七章 花开：春来草深，花开有季

个男生被我喜欢，或者某个男生也喜欢我，但考察了半天很是失望，我的白马王子远在遥远的天边，还没有踪影呀。

现在想起来，越发觉得许老师的智慧和用心，越发佩服许老师的不露声色。她用女性特有的细腻敏锐，像母亲一样呵护了我们幼小的心灵，并珍视幼小心灵对美好的向往。其实当时许老师还没结婚呢。现在的李薇已经在20年前嫁到美国去了，偶尔回来中国，大家相聚都会为小时候的纯真年少回味不已。鼻涕班长宏杰已是广州市某医院的主任医生。

多么快乐的小学时光呀！

现在想来，是许老师调动了我们自我管理的能力，把班级文化建设起来，所以老师同学之间充满温暖和友善。小学毕业后，我再也没有见过许老师了。昨晚通电话时，她说所有同学的声音她一听就知道是谁，只有我的声音听不出来，而且变得好听了。这令我既高兴又感动。我说：感谢许老师，给了我们快乐的童年。拥有快乐的童年，就拥有了快乐的一生。

看看眼前的小学同学，我们不再年少；想着远方的许丽雅老师，应该也有50多岁了，再见还认得出来吗？在我心里她永远是教我们时风华正茂、美丽动人的模样；还有不少很久未见的同学，如心高气傲的冬梨，小时候就显露才女风范，爱写诗作对，长大后为爱远嫁印度尼西亚雅加达，做有钱的庄园主太太，有两个可爱的孩子，不知道她还记得儿时的梦想吗？

那些像风一样逝去的快乐时光，那些一去不复返的纯真年少。感慨万分，吟诗一首：

曾经年少，心比天高，快乐无忧；

斗转星移，曾经沧海，白发初现。

模样虽变，情怀依旧。

想起他们牙牙学语时

"25 年前,我坐在课室听她讲课,25 年后,我作为家长听她开家长会。嗓音依旧,我已成长。致青春。"

一大早,曾经的学生燕燕发来她的小学同学兰婷发在朋友圈的以上内容的截图,告诉我:"陈老师,兰婷开家长会听到你的声音很感动。"两位学生的信息,勾起了我对过去的美好回忆。

燕燕和兰婷都是我刚师范学校毕业那些年在华阳小学教过的学生,是华阳小学刚开办时的第二届毕业生。我们已经多年未见。

这次见面,是因为在刚放暑假的那个周日,我所在的学校召开了 2018 年新生家长会,这是龙口西小学建校以来规模最大的一场家长会,1050 个家庭,共分上午、下午、晚上三场报告。没想到我当年教过的学生也在其中,而且已经为人父母。记得 2016 年 7 月,我来到龙口西小学的第一次新生家长会上,也遇到了两位当年的学生伟坚和夏靖,他们也是作为家长参加了新生家长会,当时好惊讶!

龙口西小学与华阳小学都在天河北路上,一条河涌相隔。20 多年前,我在华阳小学任教,20 多年后我回到华阳小学附近的龙口西小学,兜兜转转,又回到了起点。

回望过去了的时光,遇见同学们是 1992 年。那时华阳小学刚刚开办,开了一至五年级,每个年级一个班,我是四(1)班班主任兼语文老师。那年,同学们中不少是从体育东小学转学过来、家在学校附近的孩子,当

第七章　花开：春来草深，花开有季

年的华阳小学，就在天河北侨怡苑小区内，新楼如雨后春笋般建起来了，能够住在附近的都是20世纪80年代改革开放先富裕起来的一代，也有不少是一些大企业的住宅楼。用今天的话来说，同学们是最早的"富二代"啊！

那年，我从黄埔区怡园小学调来天河区。当时天河区刚建区五六年光景，因为全运会召开，就在体育中心附近向东北方向延伸，形成了一个广州的新城区——天河区。除体育中心区域是当年的军用飞机场外，其他区域基本都是乡村里的城市格局。当时，天河区分成沙河镇和东圃镇，教育部门就分为沙河镇教育办、东圃镇教育办和刚刚成立的街道教育办。

我刚来天河区报到是被分配到了沙河镇教育办。后来不知什么原因，很快又把沙河镇教育办改为沙河街道教育办，于是我没有被安排到村办小学，而是走进了刚刚开办的华阳小学。

当年我们相遇在四（1）班

记得当时课室里没有桌椅，全是同学们去搬，才多大的年纪呀！但当时四年级已经是学校几乎最大的孩子了，所以搬凳子、搬桌子的事情一定是冲在最前头的。当然这样的事情如果在今天是万万不可以的，怕出安全事故，但当年同学们就是在这样的环境下锻炼成长的。

一年后，同学们要升五年级了，因为新转入不少同学，一个班容纳不下，所以必须将一个班变成两个班。学校让我把学生分成两拨：一拨我自己继续带，一拨要交给一位刚刚毕业的新老师。记得两份名单在手，选哪一份心里都有些难过，每一个都不舍得，最后我负责带五（1）班。

很多细节尽管努力去想，但因为时间有些长了，加上搬家几次，换了五六所学校，原有的资料也丢失了，仅凭记忆回忆的东西十分有限。但一直深深地记得我们五（1）班的同学们特别团结，在全校出操、卫生评比中总是最好的班级；五（1）班是最温暖的班级，同学之间互帮互助，班上事事有人管，事事有人干。有同学呕吐了，马上有人拿扫把清扫；课桌椅不够高了，马上有同学帮忙调高；同学们动手能力很强，班级表演歌舞剧《双双草鞋送红军》时，是同学们自己做小花；上区里公开课时，同学们自制道具。那年我们班上的公开课就有课本剧表演，同学们编的剧本有《渔夫和金鱼的故事》，好像还有《西游记》片段；五（1）班成绩很优秀，一年后毕业那年，全区统考我们班三科总平均分 277 分，在全区都是数一数二的优异。当然那个时候还没有等级评价，都是看分数的。

班级成绩好的原因是因为教同学们的老师既有年轻的，又有年长的，但都对教育充满了激情。今天他们有的退休了，有的还活跃在教育领域，不少是学校的校长。

印象很深的几位同学

最爱迟到的何立，常常上课时也是没有睡醒的样子，连拍毕业照那天也没有过来，据说是当天睡过头了。我想可能的原因是因为他根本不记得当天要拍毕业照。

爱拉小提琴的黄俊，当年就是一个勤奋带点忧郁的"小王子"。父母不在身边，他跟着堂姐黄文博一家生活，他们俩既是亲戚，也是同学。有一天翻字典，我翻出了一张同学们在华阳小学第一次过六一儿童节的节目表，上面用非常工整的圆珠笔记录了活动当天有 17 个节目，当时没有电脑，没有打印机，很多东西都是手写的。节目表显示从学前班到五年级，还有校队，每个班一个节目，但我们班就有三个节目。第一个节目就是我班大合唱"快乐的节日"，第十一个节目"采蘑菇的小姑娘"，第十四个节目"小提琴、手风琴齐奏：西班牙风"，这个节目有可能是黄俊和黄文博两姐弟的合奏。

最爱为班级做好事、出主意的王冠和治宇，两位因为长得高大帅气，就像班级里的大哥哥，热心班级工作。特别是王冠，当年思想活跃，个性张扬，特别有艺术家气质。

罗辑个子很小，但家庭教育很严格，当年我收到的第一封家长来信，是罗辑爸爸写下的育子心得。罗辑爸爸当年是广州市市长的秘书，他的来信让我知道了孩子成长路上的点点滴滴都是弥足珍贵的。

伟泉那时刚从顺德来到广州，是最朴实真诚的孩子，性格开朗，人见人爱。

思远像个"小愤青"，常跟数学老师较劲；国基和马杰是班里的"独行侠"，一放学就回家，放学后校园里基本看不到他们的踪影。

第七章　花开：春来草深，花开有季

黄堃是学习最刻苦的人，有一次成了学校优秀升旗手，在国旗下讲话，后来还写下了一篇感情真挚的作文，成为全班的优秀范文。

女生中，文静的韩燕、洁贞特别淡定，成绩优秀；燕燕和楚妍特别要好，常常出双入对，姐妹情深；慧敏特别泼辣能干，经常帮老师"抓"同学背书；丹瑜最有号召力，为班级的事情忙里忙外；方勤思说话细声细气，一说话脸就红了；黄冉、林琳是班上的舞蹈高手，各类表演少不了她们；夏靖和斯嘉是最勤奋内秀的孩子，在班上话不多，很自律。

总之，整个班级团结向上、和谐朴素，同学们个性鲜明，遵守规则，是全校的优秀班集体。

同学们记忆中的小学生活

丹瑜回忆的故事： 五年级的时候，学校组织了一次番茄无土栽培的实践活动，给每个班分了两套设备。大家一起学习如何调培养基，如何浇水，balabala 的……活动火热开展了……播种阶段，我们好像是把番茄放在课室后边的窗台边养着。很快，番茄就发芽了，很多人都很兴奋，下课的时候总是有同学跑去看它们。慢慢地，番茄发芽，长出了四五片叶子，变成了小苗，有人建议把它们移到以前三楼音乐室门外的空地上，觉得那边阳光好些。然后，眼看着小苗要长成大苗的时候，好像是一天中午放学，同学们陆续离开学校的时候，有人发现长得比较好的那一棵小苗被人连根拔起了。在场发现的同学很是伤心，有人跑去通知陈老师，陈老师来到现场看见之后，既伤心，又愤怒。大家都想知道是谁狠心下的毒手。回想起来，当时陈老师气得眼睛都红了，她当时的表情在我脑子里留下了很深很深的印象。凝重的气氛维持了几分钟后，陈老师扭头下了楼，走向单车棚，骑上单车飞驰而去……我们一群在场的"跟屁猴"一直追到校门口就停下来了，有的女同学也哭了……（我当时也有很努力地挤眼泪，可是不争气的，死活挤不出来）

批注： "陈老师飞奔而去"的事情我也不记得了，但用今天的眼光来看，反映出当时太年轻没有危机处理能力，加上中午擅自离开学生也是不对的。当时班上的种植活动很受欢迎，丹瑜的外公外婆是我见过的最慈善的老人家，好像也是研究植物园林的，当年还给全班同学送了花的种子，如一颗颗大蒜,同学们把种子带回家种植,但几个月后只有慧敏一人种植成功,带回了一棵开了花的植物。

丹瑜回忆的第二个情景: 教数学的石老师布置了一项作业,几乎全班同学"哇"的一声喊出来,因为同学们觉得作业太多。石老师如此这般写了三道作业后就生气了,哭着走出课室去了办公室,几个同学跟上去安慰老师,黄俊也在其中。我之所以记得黄俊,是因为其中只有他是一路哭一路安慰石老师的。

批注: 丹瑜的回忆十分生动有趣,让人有身临其境的感觉,用陈丹瑜的话来说"有眼泪的场面比较容易留下印象"。对于这个片段,我看一遍笑一遍,虽然一点印象都没有,但我确信是真实的,因为当年的一班班风好,学生情商高,是全校老师评价最好的班级。同学们非常在乎老师的感受,也积极维护班级荣誉。

燕燕回忆的故事: 从小学一至三年级我都是一个经常迟到、成绩一般、有点自卑的普通学生,直至转到华阳小学。有一天陈老师让我当班长,以前我一直不敢相信自己能当班长,是在陈老师的鼓励下才敢接受这个职位。也许陈老师当时就是想让我建立自信心吧。后来陈老师又建议每位同学上课前五分钟上台自由演讲,这时我才发现原来自己很享受讲台,喜欢演讲。到现在我都挺后悔没有读师范学校当老师,后来反而在英语培训机构过了一把教师瘾〔偷笑〕。我直到现在还在想为什么在那个年代陈老师的教法就已经那么超前、新颖?

文博回忆的故事: 陈老师是我所有老师里身材最高的一位女老师,小时候的目标就是有陈老师的身高,谁知道我的身高一直停留在小学阶段。永远都记得陈老师的声音,几十年都是一样,很温柔、很甜,总是叫我:"文博,文博!"

兰亭回忆的故事: 我从一个小城市转来广州读书,大家都劝我重读三年级,因为担心我跟不上四年级的进度。爸爸带我去华阳小学报名的那一天,我和爸爸站在走廊上,迎面走过来的就是长发飘飘的陈老师,就像电影里的老师一样,温柔、美丽。她拍着我的肩膀跟我说:"我是你们四(1)班的班主任陈老师,没关系,上课认真听讲,有什么不明白的就问我。"当时,我没法形容我的感受,这个回忆一直伴随我至今。

第七章　花开：春来草深，花开有季

王冠回忆的故事：我记得我被合唱队踢出来时，心里很激动，本来就不会唱还要涂腮红和口红。

夏靖回忆的故事：我记得有次让我们每个人说自己的梦想，陈老师还录音了。

伟泉回忆的故事：我记得有一次上台表演，原本是拿枪的，谁知道那道具实在……实在都不好意思拿出手。

思远回忆的故事：有一学期调整座位，让好生带差生。我总找机会挑逗同桌聊天，结果我们都被罚打扫教室。她拿着扫把问："宇宙多大？有没外星人？是否有时光机？"我想多聊会，只恨教室太小，太干净。

批注：思远的回忆很有意思，那应该是最美好的初恋吧。

泽锐回忆：思远好像打乒乓球很不错，手绑绷带还能打。

杨靖回忆：印象最深刻？中午背书罚留堂。课间走廊四驱车直线竞速。

黄堃：20多年过去了，陈老师对我们小时候的事情还是如数家珍，真是眼中有光、充满慈爱、胸有担当、心有大爱的好老师，一辈子忘不了老师的恩情。我很想让时光倒流，回到牙牙学语时，重入她的怀抱！让我一辈子当陈老师的好学生吧！

汤满毅：我记得我写过给冰心奶奶的一封信。那次我的作文是陈老师叫同学帮我读出来的。我印象中的陈老师，除了长发飘飘、身材比较高之外，还有她对我们每一位同学都像对自己的孩子一样，比较耐心和用心！

……

刹那永恒！三年是一去不复返的童年时光，与同学们相遇在最美好的年华，留下最美好的记忆。这三年，是我的教师生涯收获最多的一段历程，尽管当年还太年轻，缺乏经验，但教育新秀、优秀教师等荣誉都是那个时候获得的；那三年，是我从不安分到热爱教育的三年，是同学们的纯朴让我感受到作教师的幸福和价值感。后来走上学校管理岗位，也是得益于当年做班主任工作时积累的经验。

一晃20多年过去了，沧海桑田，旧貌换新颜。天河区已然成为全国中心城市广州的核心区，原来的学校已经是广州市中轴线上的中心学校。看到同学们今天已经成为家庭的顶梁柱、单位的骨干主管，有自己的幸福

享受│生命的神奇│和美好
生本教育的思考与实践

和追求,还保持着真、善、美的精神底色,我就感到分外高兴。特别是看到同学们的孩子也开始上小学了,一看就是同学们小时候的模样,真有些时光倒流的错觉,好像又回到了 20 年前。

今天的我在校长岗位 20 年了,专注于教育也热爱教育,但做班主任的那几年是最难忘的。

时光流转,生生不息。要说给为人父母的同学们有什么忠告,怎样让自己的孩子健康、幸福、有趣?我想送给同学们三句话。一是"送给孩子最好的礼物是和谐亲密的夫妻关系,创造美好生活的关键因素不是财富和成功,而是健康的身体和亲密和谐的关系"。对孩子影响最大的关系,是和谐的家庭、和谐的夫妻关系。二是"家长好好学习,孩子才能天天向上"。我们常说的不要输在起跑线上,其实父母才是孩子的起点,父母的格局、眼界、胸怀对孩子影响至深。三是教会孩子自主学习的最好方式就是让孩子爱上阅读。阅读素养是未来人才的核心竞争力,阅读能力来自博览群书、厚积薄发。阅读就是最好的学习方式。

"天空没有翅膀的痕迹,而我已经飞过,思念是翅膀飞过的痕迹。"泰戈尔的名句在耳边回响,同学们,我想念你们,并永远深深祝福你们!

第八章
在路上：春风无颜色，万物生光辉

题　记

一出市区，没有了高楼的阻挡，地平线上出现了画中见到的山，没有连绵起伏的辽阔，却是异军突起般的个性鲜明。无论近观还是远看，如雨后拔地而起的春笋，又如夕阳下一群跋涉远行驼队的剪影。总之，让你有份惊奇，有种特别的感动。向前，向前，去寻个究竟，去满足心中的好奇。

我们来到了山脚，站在遇龙桥上，才发现了那无声流淌的河水，原来山的秀丽是水来滋养的。我们迫不及待地下到水边，上了竹筏，想好好领略这水的温柔和美丽。

竹筏由十来根臂膀粗的竹子并排捆绑而成，船头微微上翘，只能坐两人、站一人。船大哥用一根七八米长的竹竿，水中一插一按一划，竹筏就向前漂去了。微风下，水面波光粼粼，河水真清啊，深处如碧玉翡翠，浅处可见江底沙石，一群群小鱼从筏边逃窜，我们的到来，惊起的不是鸿鹭，而是小鱼啊！

向青草更深处漫溯

抬眼四望，青山倒映在水中，水里映照着青山，一艘艘竹筏静静地划过，恍如梦中仙境！掬一把清清的河水，冰凉透心。船大哥告诉我们可以

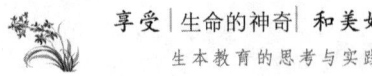

坐在船头照相，可我很快发现，最美的姿势就是坐卧不动，静静地听，静静地看，静静地想，想想天与地、山与水、岁月与流转。

我想变成这遇龙河水里的一条小鱼，心中有的是"不念过往，不惧将来"的欣然；我想做那位摆弄竹筏的船家，每天都能"撑一支长篙，向青草更青处漫溯"！

我在阳光下沉醉，沉醉在这无限春光里！

第八章 在路上：春风无颜色，万物生光辉

形与神，术与道

从美丽的常熟石梅小学回来，翻看我的照片，如果有一张最能代表我的感受的话，那一定是这一张——在沙家浜最古老的街道一所古宅门前的留影：古朴雅致的门花，深色的瓦顶覆盖翠绿的藤蔓，几株俏皮的枝条垂下屋檐，在微风中轻轻飘摇，嫩绿的颜色在深色的、有着好看花纹的门窗映衬下，让人惊艳。古朴与现代、厚重与轻盈，这是我对石梅小学的印象——300多年厚重历史的书院发展到今天的现代学校，焕发着新的春天。

形与神

到石梅小学的几天里，天天下雨，空中飘着雨丝，雨不大，淅淅沥沥的，远处的虞山也被笼罩着，山上雾气腾腾。烟雨江南，有一种令人回味的神韵，这是我心中的江南感觉。

见到顾校长的第一眼：齐眉的刘海，暗花旗袍，温柔婉约，让人眼前一亮。与她接触后，更发现她是集美丽与智慧于一身的校长。

石梅小学是当地最好的学校，顾校长却安排老师们分5批远赴广州来到我们学校虚心听课。有老师从广州学习回去在全校做展示课时，她又提出了不仅仅是形似更重要的是神似，要大家思考生本教育的魂在哪儿。在她温柔的外表下有的是敏锐和深刻。

她邀请过全国各地有影响的专家名师50多人到他们学校，为的是让老师们了解当今最前沿的教育改革。这次，我们只是一个普通的教师团队也有幸前往,收获良多。我、陈主任和麦老师3人,不仅听了石梅老师呈现的语、数、英3个学科的课,我们的陈主任也上了一节生本语文课。很多老师们对我们说:听了生本课,所有的疑惑和顾虑都化解了。

有的老师还特意来到我们身边,表示感谢,希望多一些机会与我们交流。顾校长当时也在旁边,高兴地说:他们学校的老师被我们点燃了。更让我们惊喜的是,当地的教研员没有固守成见而是细心发现,他们听了石梅小学老师的课并听了我们的点评,都表示生本理念和生本课堂给他们带来了冲击和振奋。

而我想,其实不是我们有多大能耐,而是因为我们与顾校长团队在教育之道上有强烈的共鸣。

术与道

我们在石梅小学的第二天,正好是六一儿童节。下午,整个校园都沸腾起来了,没有看到他们大型的汇演,有的是校园吉尼斯挑战赛。顾校长说:过去的表演,少数人做主角,多数人做观众,孩子不喜欢,所以就改为人人都喜欢的校园挑战吉尼斯。我想这是石梅小学基于儿童立场观的管理体现,尊重、顺应是基本的核心,这跟我们学校贯彻的生本教育理念是多么相似。

顾校长有两句话让我感动。有老师问顾校长:是否要抛弃原有的教学方式去接受生本教育?顾校长说:"我们现在不存在推倒重来的事情,我们需要思考的是,什么教育是适合学生的、什么是适合学生发展的,我们就要创造条件去做。"顾校长还说:"要改变老师、改变我们自己,不是靠行政命令,而是来自大家的内心向往和自觉。"这是何等的远见和气魄呀!冲击着我们的心灵,让我们为之一振又热血澎湃的不是术,而是看见的教育之道。

情谊绵长

认识顾校长是在2012年3月,有一天,她带着一批骨干教师参加全国生本教育研习班而来到我们学校。一见面就对我说:"我们有缘。"原来,几年前他们学校由广州转来两名学生,是姐弟俩,孩子的爸爸在见顾校长的时候，就强调过自己的孩子在广州接受的是生本教育，成绩不一定是最好的，但综合素质一定是很高的。

顾校长由此注意那两个孩子，几年来的观察，发现孩子的表现的确与众不同，不仅成绩优异，而且全面发展，深得老师和同学份的喜爱。积蓄了很久的好奇，终于来到我们学校，考察后发现不虚此行，当时我们有语、数、英和美术、体育课堂开放，大家无不被孩子的精彩表现所感动。

临走，顾校长送我们一人一个保温杯，她给我的信息是这样的："陈校长给予我和石梅小学伙伴们的无私帮助，是我生命记忆夹里最美、最难忘的一页！谢谢陈校和您的团队！满满一杯子的友情，长长一辈子的难忘！"

想起这样的话："我们观察教育，需以自然为镜，借助它可能使多少年说不清的教育改革明白如镜、心清似水。"是的，明白如镜、心清似水的教育人走在一起，就成为教育知音了。这次，我们到石梅小学，受到无微不至的照顾，感动又感激，我们之间绵长的情谊正像江南的烟雨般绵长，有一种别样的美丽。

享受 生命的神奇 和美好
生本教育的思考与实践

不到新疆不知道祖国有多大

6月22日，和3位同事受新疆喀什地区的泽普县塔西南油田教育办公室邀请，为当地中小学老师作交流培训。上午10:30从学校出发，12:50的飞机，下午5:50到达乌鲁木齐。

第二天一早从乌鲁木齐飞到和田，再坐上接我们的商务车，驱车3个多小时，经过茫茫的大戈壁，来到戈壁中的绿洲——塔里木油田基地。来回的路途就需要3天。当地油田分局总部的几所学校听说我们要来，有从小学到高中的17名校长、老师从1300多公里外的库尔勒，坐了十几二十个小时的火车，也赶来了。相距这么遥远却是同属一个教育局的学校，大家都万分感慨：不到新疆不知道祖国有多大！

茫茫大戈壁

6月23日，我们从乌鲁木齐先飞往和田，再乘车到塔西南。车子经过一些小镇和一些村庄的时候，还见到高大的白杨、低矮的葡萄架，处处绿意盎然。但很快，我们就进入了戈壁滩。

笔直的国道两边，黄沙万里，一眼望不到边。见不到一棵草，一棵树。地是黄的，天也是黄的，天地间没有明显的界线。远处不时卷起一团团黄沙，打着卷，从公路的右边旋转着飘向左边，再飘向远方。有些沙团跑到路上，迎面向我们扑来，大家轻声惊呼，看着旋风带着黄沙从车窗扫过车尾，车窗上响起沙粒敲打玻璃的声音。感觉如果风力再大一些，就会把我们的车子也带上空中了。

戈壁滩的奇遇，在离开油田到喀什机场的路上再次经历了一次。杨科长说：没有到过喀什就等于没有到过南疆。因此回程时，特意安排我们到喀什坐飞机。那天一早，高志兵书记、杨晓东科长、姊妹学校侯校长都来送我们，还有两位维吾尔族的副校长、副书记陪我们，带我们到喀什逛逛并送送我们。离开的早晨，塔西南刮起了风沙，天空变得昏黄，空气中弥漫着沙尘，据说这样的天气经常出现。而我们在塔西南的几天遇到的都是最好的天气，晴空万里，以为来到了江南。

我们驱车5个多小时到达喀什。途中也经过一个大戈壁，一路上风沙刮得越来越大，我也迷迷糊糊睡着了。突然感觉车子停下来，睁开眼时什么都看不见了，浓密的黄沙把我们的车子包围了，最糟糕的是看不到路，看不到前方。开车的赵师傅把车开得很慢很慢，甚至还停了下来。有词语描写黑暗时说"伸手不见五指"，而我们在大白天居然是睁眼看不到路，看不到远处，我们被裹挟在黄沙里了。只见风将沙子从车身刮过，一波接一波，就像湍急的河水，哗哗地流过。同行的阿提克木副校长和茹克亚木副书记说："没事，风沙一会就过去的。"我们却觉得有些害怕，感觉天地广阔，人是多么渺小，不由感叹生活在大戈壁人们的顽强和不易。

有缘相会千里

塔西南杨晓东科长安排了一天半的培训。听高志兵书记说：他们是从《人民教育》杂志上看到关于生本教育的报道的，于是多方联系，多次到广州取经。他说再不做生本教育，学校就办不下去了。因为当地教育质量不高，留不住学生，油田职工有了一定基础的孩子都转到外面的学校去了。因此，希望通过生本教育改变学校现状，并且通过改革促进教师的发展，使当地职工家长安心把孩子留在油田基地学校。现在，他们做生本教育有一年了，期间邀请郭教授和一些生本学校老师到校指导。上个月，杨晓东科长带着7位老师从塔西南到我们学校3天，全方位了解了我们的生本教育做法，对我们充满快乐的生本课堂非常着迷，认为解决了许多教学困惑。因此，这次盛情邀请我们去为全体老师作一次暑期培训。

这次的重点是理念的转变和碰撞，具体到学科教学的方法策略、教材的使用、课程的整合、家长工作如何开展等。同时对他们提出的问题给予解答。他们提出的问题有：有些老师只是偶尔上一节生本课，平时却不上，学校该怎么办？老师太放手了造成孩子成绩下降了怎么办？家长思想工作怎样做？对此我和老师们做了充分准备，并告诉他们所有的问题都是可以解决的，关键是理念的更新。

我们除了给老师们分享我们的研究过程，同时也将许多具体做法分专题介绍给大家。最后还让当地老师选取教材中的具体单元做先学设计、评研设计和单元整合设计，使老师们真正看到将教转化为学是可以实现的。

高志兵书记听我们解答当地校长们的困惑，让大家思考三个问题：教师遇到困难时谁去帮助，教师走不动时谁去推动？良好的关系如何建立？考试如何改革？我觉得他看到了解决问题的关键所在。重要的是先做起来，办法总比困难多。

培训之余，热情的维吾尔族老师邀请我们到她们家做客。八九十平方米的房子、宫殿式的设计、漂亮的地毯、蕾丝花边的窗帘、闪金的装饰器皿，每一样物品都让我们惊讶于那浓郁的民族风格，还有那一尘不染的地板和桌面，使维吾尔族女子勤劳和爱美的天性一览无余。再看看维吾尔族老师们，每个人都爱化妆和打扮，每天都把自己装扮得漂漂亮亮的。我们笑称下次请她们来广州给我们开设修炼美丽的课程。

离别是重逢的开始

6月25日培训结束，大家为我们举行欢送晚宴。大家敬酒再敬酒。酒过三巡，四中的张书记和一中的文主任领头唱起了欢快的歌曲，维吾尔族老师更是闻歌起舞，美妙的歌声，动人的舞姿，使不会跳舞的我们也想跃跃欲试了。很快，欢送晚宴变成了演唱会，欢快的笑声，热情的脸庞，让我感受到塔西南同行的热情和真诚。

这次交流我收获很大：一是收获了歌声。每天我们都在歌声中入眠。我们住在塔里木酒店，每天晚上十点开始的一个多小时里，附近都会传来气势雄壮的歌声。听杨晓东科长说，最近为迎接建党90周年，各个单位举行大合唱比赛，每天晚上都要训练。歌声远远传来，跟唱片传出的歌声一样动听，我们是在歌声的陪伴下入眠的。

二是收获了快乐。一天半的培训，大家都觉得收获很大。石油一中的高中数学科组长特意来敬酒，说没想到小学的生本教学做得这么好，只要坚持下去，孩子们的思维和创造能力没理由不好。这次我们的到来解决了许多困惑，收获了许多信心。所以感谢的话说了一遍又一遍。

三是收获了教育知音。我们和石油一小结成了姊妹学校，今后可以进行更广泛的交流与合作，包括学校管理、教师交流、学生家长之间的来往。大家决心以生本教育研究为平台，以相互学习促进为目标，使我们的教学走出一条更加光明的大道。

高书记说了：今后凡是做生本做得好的老师就一定派到广州学习，作为对老师的最高奖赏。大家听了都高兴得拍手称赞。

离别是重逢的开始，我们还会再相聚。

十年坚守，生本兴校

两个月前，收到澳门培华中学李秋林校长的来信，感谢我们参与培华中学20周年校庆典礼，并附上10多张珍贵的照片，使我回忆起当时难忘的一个个瞬间。培华中学是当地为数不多的名校，建校20年，10年生本路。两天的庆典隆重热烈而又精致温馨，内容丰富让人目不暇接。我想特别说说那节令人击掌称快的高中生本语文课。

令人击掌称快的高中生本语文课

执教者是培华中学陈碧玲老师，非常自然朴实，但她的学生给我们的都是惊喜：文学研究的广度深度、大方流畅的表达交流和敏锐深刻的思辨性思维。

这节课是学习陶渊明的《归园田居》。学生不仅品味了这首诗，而且带来了许多研究成果，包括陶渊明诗词代表作、陶渊明在文学史上的地位和影响、陶渊明的仕途生涯与思想等，同时对陶渊明选择归隐是积极还是消极的思想展开讨论。

学生们引经据典表达观点，各抒己见。谈到了陶渊明的归隐并不是退缩，而是表达一种高洁的抱负；有的说陶渊明没有像范仲淹那样"先天下之忧而忧"，只是批判而不是去改变；也有学生说在当时的情形之下，如果是你又能怎样？有的说陶渊明选择了把大自然作为自己的情人，不仅身之自然，更是心之自然。

讨论交流此起彼伏，不时妙语连珠，引来全场赞赏的掌声。如果想到他们当地的主要语言是广州话，就会对孩子们运用自如的普通话表达表示钦佩。听一些老师说：这些孩子从小学一年级开始就接受生本教育，那些侃侃而谈的学生，在小学生本课堂上已有卓尔不群的表现，现在读高中了，更显得才华横溢。

而陈碧玲老师的表现更让人欣赏，真正做到了把分析性的语文转变为实践性的语文。表现在做空课堂，整节课只有三个环节。

一是走近诗人。问：同学们阅读了很多陶渊明的作品和介绍，请与大家交流你认为最有价值的内容。

二是品味诗句。问：你最喜欢的诗句是什么，为什么？并由此联想到什么？

三是感悟诗人。问：陶渊明选择了归隐，有人认为是消极的，有人认为是积极的，请说说你的看法。

整堂课老师并没有说什么，都是让孩子们在说老师最精彩的话是最后一句：经过同学们的热烈讨论，不是为了分辨是非，也不是为了分出输赢，而是为了让我们从不同角度理解陶渊明。大家觉得陶渊明快乐吗？全班同学举起手。陈老师说：看来大家真的了解了陶渊明。

这样的结束既精彩又让人回味无穷，真正达到了我无为而民自化，我无欲而民自朴的境界。

突然想到 2015 年看到的一句让人过目难忘的话：高考，阅读为王的时代到来了！在培华中学高中课堂上的那些博览群书而思维表达俱佳的孩子，谁都不会怀疑等待他们是优异的成绩和无限美好的未来！

执着坚定的教育人

在培华，从校监到校长，从老师到学生，大家对生本教育的推崇和津津乐道不同一般。算起来，我认识培华两任校长已有 10 来年，10 年前，我们经常开展教师交流，如听课活动，相互学习促进。

而现在，年轻的李秋林校长接过刚刚荣退的阮校长的班，不仅邀请阮校长作为教学总顾问，还在新五年规划中把生本兴校作为学校"传承创新，迈向优质"的重要举措。校监唐志坚先生在培华 20 周年成果展上肯定了生本兴校带来学校巨大的变化，而吴敏副校长给我们谈了如何紧紧抓好教师培养关，规划在5年内所有学科、所有教师做生本，并且要求在由政府主导的内地质优教师蹲点指导学校之前，也必须让内地教师先了解生本理念和方法，以保证生本教育的推行宗旨不变。对全体教师更是提出了教育不需大动作，只要一年一进步、五年一大步，只要在课堂上看到变化就行。

朴素的语言，坚实的步伐，不懈的追求，见证着生本兴校的奇迹。

第八章 在路上：春风无颜色，万物生光辉

对课堂改革，不怀疑，不争论

九月中旬，我第二次来到邯郸，参加邯郸市教育局举办的全市特级教师和骨干教师培训会。记得半年前第一次到邯郸，邯郸市教育局提出新课堂改革要求，并且把生本教育研究作为新课堂的内涵，邀请了郭思乐教授的研究团队到邯郸为全体教师开展大范围生本教育的研究与实践的培训。当时管教学业务的郭副局长的一句话让我印象深刻，他说："对新课堂改革，不怀疑，不争论。凡是不改的校长一票否决。"可见他们对课堂改革的决心和魄力。

这次再次去邯郸参加第5次培训会，看到那些推进生本教育半年的地区发展势头猛烈，如邯郸市实验小学，作为课改基地学校，已经全面推广生本。我到的当天下午，学校还安排了语文、数学各一节课让我听，并给全体老师评课。

学校提供的资料上，我看到为了让所有老师参加进来，学校制定了相关的规定，如新课堂流程，包括分几个课时、每个课时干什么、每一个步骤怎样做都有说明，形成标准化要求，目的是让所有老师都能做。这与我们半年前到邯郸看到的导学案完全不一样了，当时的导学案，上面有要学生回答的问题，有测评学生的考试题。形式变了，但以教为主而不是以学为主的实质没有变。

这次去，看到他们已经有了基本的生本教学模式，有小组交流，特别是数学课，"认识百分数"能够抓住根本问题，引发活动和研究，做得非常简单。如交给学生两个问题：一是自己举一些百分数的例子，说说表示什么；二是举例比较百分数与分数的区别。学生的表现也非常出彩，带来的例子丰富生动，思维有深度和广度，表达流畅热烈，是一节很好的生本课。给他们的建议是课堂可以更自然一些，如小组汇报，应该是每一个小组都有机会，并不是指定小组发言；课堂氛围可以再轻松一些，允许孩子们之间的争辩，因为思维的挑战是愉悦的，应让孩子们学会欣赏。

那节语文课，生本教育的基本要素都有了：小组、讨论、拓展。但这还不是生本语文，问题在哪里呢？在于一节课都在课文教材里打转转，感觉还在"萝卜煮萝卜"，最后拓展的四篇文章也是说教无趣的文章，没有一点美感可言。我问了老师几个问题。一是课前孩子们读了什么书，读了多少数量的书？没有5万字的阅读应该不上课。二是生本课堂的评价标准就是一句话，推进阅读了吗？无论是品析课文还是拓展环节，评价的标准就是看是否以读引读，以读引说，课堂环节必须简单，每个环节都是为了推进阅读而设置的。三是知识点如何处理，我们可以安排评研课进行研究。接待我的黄校长反复问了我一些问题，边听边说："我明白了，我知道问题在哪里了。"

我想：邯郸的生本教育研究活动才开始半年，做得好不好，问题都不大，因为只要行动起来了，问题的解决就有希望了。

如何把学习变成学生喜欢的活动？在邯郸，有一位河南的老师准备上高三的英语课，郭思乐教授有几个要求：一是抛开教材，抛开语法的思路，寻找孩子的兴趣点作为思考点；二是把兴趣点作为主题编写剧本，学生们做好表演剧本的准备，从而形成学生自己的教材。

包括上课老师在内的听者都有些疑惑：一是如何建立动力机制问题。有人说小组讨论很重要，但是课堂上孩子们不想讨论，不参与，所以要调动学生关键，是建立评价机制。其实教学的关键还不在这里，而是课程是否整合、是否变成学生喜欢的内容和形式。如果课程无趣无味，再好的动力机制也没有用。二是该不该抓语法点的问题。上课老师说想教孩子如何用很短的时间判断一个长句的意思，希望把有效的方法介绍给学生。其实，如何判断，学生有自己的方法，老师认为好的未必是学生认为好的，相信学生有自己的思考。上课老师有些担心：一节课语法、知识点不讲，

第八章 在路上：春风无颜色，万物生光辉

高中的进度会受到影响。郭思乐教授建议：要抛开教材、抛开语法、抛开考试，只要选好一个大家都感兴趣的、有话可说的主题，让学生投入编写剧本、表演剧本的活动中去，学生就有了自编教材了。最后，学生在广泛说和写的基础上，对一些还是感到困难的地方，再让学生拿出来研究一下，问题不就得到解决了吗？

上课老师将信将疑地按照郭教授的方法，布置学生分组编剧本，准备表演。没有想到，学生热情非常高，授课老师从见学生之后，手机信息没有停过，都是学生发来咨询的：有的问小组能不能不止6个人而是12个人，有的问可以不可以用PPT，有的问同学们准备很认真但怕上课时怯场怎么办。于是老师一一给他们鼓励并商量。我们在旁边听着这位老师与学生的交流，不禁为学生这样的表现感到振奋——学习变成学生自己的事情了。过去是老师追着学生教，现在是学生追着老师学。这件事是怎样转换的呢？那就是生本教学的策略，把学习变成活动。

听着郭思乐教授在与大家谈论课的设计时所流露的对生本教育本质的透彻阐述，心中非常感慨：一般的专家、教授谈课堂教学，强调教学模式，要求按程序走，落实程序，至于是否深入课堂，是否研究过课堂和学生，就无从考究了。而生本教育没有固有的模式，只有在对学生的充分信任和尊重的前提下，想方设法把执着于教全部转化为放手于学生的学。郭教授让大家明白出发点是学生，我们所能依靠的是学生。他的真知灼见总是冲击着我们顽固而固执的头脑，要放下考试，放下知识点，放下教材，要执着于学生，知道学生可以做什么，学生喜欢做什么，我们所做的一切就是服务于学生，这样才能赢得学生的心。如果课程上、理念上不改变，仅仅形式上改变，是不行的。

记得我第一次到邯郸，感觉那里虽然是发展中的城市，但是文化底蕴深厚，举目四望，每一处土地都有故事，因为上千条成语典故出自这里，古时候的赵国首都、汉乐府罗敷的故事出自这里。这次是第二次来，在品尝地道的邯郸美食的同时，还通过所闻、所见、所思，收获和品尝了最美味的思想大餐。

多一把评估的尺子

有幸跟随我区 30 所小学校长组成的考察团到香港进行教育考察，我们一行人深深地被香港的学校"以学生为本"的教育理念所感染。考察期间，有幸聆听了香港教育局杨景辉先生为我们所作的题为《香港教育改革，精益求精》的报告，话语精辟而触动思想，给人印象非常深刻。通过对 3 所学校的深入考察，让我看到了香港这样一个国际化大都市教育的思想和理念、教育改革与发展的方向和努力。

首先，香港的教育目标强调终身学习，把"以学生为本"作为工作的出发点和着眼点，倡导以学生为中心，尊重学生的生命成长规律，最大限度地保护学生的学习兴趣和好奇心。他们认为，基础教育只是人生的起步阶段，一个人一生的成功并不是看现在能跑多快，而是将来能走多远。因此，香港于 1997 年取消了学能测验（一种高危考试，成绩与学生升初中挂钩），代之以在小三、小六进行基本能力评估，这是提高学生学习兴趣的一项措施，值得借鉴。"多一把评估的尺子，就多一个成功的学生"，也是香港同行们就评估内容多元化方面提出的又一新观点。在强调"全人教育"的同时，充分关注每个学生的差异性，充分挖掘每个学生的发展潜能。所参观的 3 所学校一般都能为学生提供各种展示特长才能的平台，的确卓有成效。

其次，香港同行们提出了"观课，不是看教师怎样教，而是看学生学得怎么样"这一怎样听课、怎样评课的新理念。过去我们听课主要看

第八章 在路上：春风无颜色，万物生光辉

教师教得怎么样，学生配合得怎么样。听课者尤其关注老师的教学目标、教学重难点、教学手段等是否到位，学生基本上是陪衬。而按香港教育界的上述理念，则是重点关注学生学得怎么样、学生的学习是否主动积极、是否敢于表达观点、是否善于合作倾听。这正是"以学生为本"教育思想的真实体现，值得我们深入地去研究和思考。

"让孩子发发白日梦，长大才会创造"，这是香港同行给教师、家长的指引。我们现在的家长为了让孩子有所谓光明的前途，就一味地为孩子无所不做、无所不包、无所不顾及，加重了孩子的负担。然而他们却忽略了孩子身心发展的规律，忽略了一个简单的事实：什么是学习？学习就是探究。一位正在地上乱爬的婴儿，用哲学家的话来说，那是在探索世界。难道这不是学习？现代儿童最大的悲哀在于没有了选择权，一切空余时间都由包办代替的老师和家长来安排。人生就是选择，选择就是自由，没有自由何来创造？香港教育界给教师、家长的指引，展示出其先进性和前瞻性。这使我想起刘道玉先生说过的一段话："让孩子回归他们的天性，要尊重各类学校学生的志趣和选择权，让他们在独立、民主、自由的氛围中成长，这是杰出人才必须遵循的规律"，确实值得我们深思。

我从这次香港考察中得到了很多启发借鉴，所参观的3所学校的办学特色突出，除上述感受之外，诸如"一生一体艺"实施全人教育、资讯科技支援教学、家长教师会等，都值得我们学习。然而，香港教育也有不尽完美之处，"以学生为本"的新观念在实践上还处于探究和摸索之中，传统的教学模式也时有表现，这是我们不应汲取的。

反观我们广州市天河区的基础教育改革也有自己的优势和特色，特别是一些学校正在实施的生本教育课堂教学改革，以先进的教育理念指导课堂教学，以此实现"教"皈依"学"的目标。这是天河区教育改革的一大创新，也是天河区小学教育的一大特色。

两天的香港考察虽然时间短暂，却收获不少，既开阔了眼界，也活跃了思想，更增强了信心。

享受 生命的神奇 和美好
生本教育的思考与实践

春风无颜色，万物生光辉

做好生本教育不是一蹴而就的

生本教育好不好？这是无可置疑的。有个在全国已有十几个城市设立基地的大型学习培训机构、现已经是上市公司的雷总也说生本教育是好东西，可惜没有给他们来推广。我问：怎样推广？雷总说：把它变成技术。这话听起来挺有诱惑的，如果把生本教育变成一项技术，那么推广起来多么省心和容易呀。就像水稻培植技术那样，投入不多，却收获巨大。

但生本教育能变成技术吗？记得有许多次，我们将生本课堂的实施办法一起分享，如老师们一起备课，一起设计小研究，但同一个先学小研究设计、同一个教学设计实施的效果，却截然不同：一个班交流表达，积极热烈，令人欣喜；另一个班沉闷沉默，学生似乎也启而不发，老师把课讲完也不容易。

为什么同样一个教学设计，到了不同老师的手里就变得不一样了呢？后来看录像的时候，上课老师自己发现了问题："我为什么老抢学生的话呢？"原来，在课堂上，老师貌似尊重学生，让学生参与到学习中来，但总是很着急，一旦看到学生回答正确，就急于往下走教学流程；一旦学生回答错误，又或者回答不畅，就紧张地把学生的话抢过来自己说，说着说着，发现没有学生愿意发言了，于是只好自己一讲到底，又回到以前的课堂模样。她说下次要管住自己的嘴，少说，让学生多说。

我想还不仅仅是少说多说的问题，关键是我们要知道教学的本质在于

第八章　在路上：春风无颜色，万物生光辉

学，所有的知识必须经过学生自身的内化，因此教师的最重要的行动是推动学生自己学，不是自己"冲在最前面"，而是给学生时间和空间，让他们自己做、自主交流与合作。因此生本教育并不是技术革新，也不仅仅是一种模式，而是观念的彻底改变。

做好生本教育工作不是一蹴而就的，我觉得学习生本还不是听听课那么简单。只是听课而没有身体力行，是难以解决教学理念问题的。到目前为止，我们每年对外的公开课有上百节，从过去受到很多的质疑"这样教行吗？"到现在的羡慕向往"我们的学生没有你们的好"。虽然有所变化，但都是一个意思：做生本教育工作很难。

其实，世界上最难的一件事就是将自己的思想装进别人的脑袋。生本教育的理念和改革是彻底性的，因此不可能一蹴而就。我们从当初只有三位实验老师起步，到现在全校教师都进行生本教育，多数是自觉自愿的结果。老师们参与教学改革不是来自行政压力而是自主自为，是真正看到学生的精彩和解放，也渴望自己也得到成就和解放。

贵在坚持和行动

最近看到一则研究报告。美国一家网站调查了世界上1000名成功人士，其中包括最有成就的科学家、作家、企业家和商人、体育明星和影视明星等，这些成功人士99%说不清楚自己为什么取得成功，在成功之前也没有一套完整的走向成功的计划书。他们有的是凭着感觉，有的是因为勤奋，有的是因为爱好，一直没有放弃对成功的追求，最终成就了人生的伟业。

于是，那家网站又向公众征集1000份最完美的成功计划书。经层层筛选，评选出最完美的计划书，不仅极具诱惑力，而且具有可操作性，甚至详尽列出每小时应该做的事情，每天每年应该做的事情，以及最终成功所需的费用。随后网站又对这1000份完美计划书的拟定者进行采访，结果发现，在现实中，这1000个人全是未成功人士，或者说正在努力追求实现梦想，但还未成功的人。研究的结论是人生伟业的建立，不在能知，乃在能行。

想到我自己，在生本教育方面实践多年，受邀请为全国20多个省市

享受 | 生命的神奇 | 和美好
生本教育的思考与实践

地区以及香港澳门的教育同行做了 100 多场报告，并为各学校实施生本教育的行动研究方案做顾问。但我从未敢自诩专家，而是保持初心，保持敬畏。每年只要我有机会都会听郭思乐教授的报告，每次聆听，都保持着初学者的心态，总是"带着最初的激情，追寻最初的梦想，感受最初的体验"，而每次学习总有新的收获和新的感悟：从以学定教、教少学多到课程再造推进教学重构；从资源论、借力论到"慧根加空"理论等，言简意赅，直奔学习的核心。

有学者夸奖《教育走向生本》一书出版 10 多年，不需改动一个字，可见它的前瞻性和深刻性，而我觉得郭思乐教授总是深入浅出，每次报告中都会发现他的生本思想更加透彻，操作方法更加简约，像源头活水，生生不息。

有人总觉得生本教育很难学，因为不像其他的教育技术项目那样，一学就会，而是有难度、有阻力，需要有一个由点带面、由慢到快的过程，这正好说明生本教育不是术，而是道，是教育之道。

所以，我对生本教育保持敬畏之心，因为生本教育总是站在改革的前沿。记得 2012 年新课程改革 10 年时，人们终于发现再好的理念如果不落实到课堂上，只是一句口号。于是各种课堂模式纷纷冒出来，而生本教育从诞生之日起的 1999 年，就直奔课堂，郭思乐教授每次来到学校就是听课，指出我们的课堂是否实现了课程再造：语文推进阅读了吗？是否把语文分析变成语文实践；数学抓住根本了吗？是否把知识点训练变成智慧培养；英语形成活动了吗？是否把碎片化分析变成学生自己的完整的活动。

当人们发现教育目标应该是学生的核心素养的培养时，而生本教育早就提出了教学必须一切从学生出发，对于"教什么"和"怎么教"的问题要进行生本化的改造。也就是说：一切的知识、一切的资源和一切的形式，都应该围绕学生进行重组，把学生的快乐、素养和成绩作为我们教育的目标。

生本教育走的是以发展素养提升成绩的道路。而中国教育科学研究院田慧生主任说过：生本教育是我国人才培养模式的根本变革。我非常赞成这个观点。

做好生本教育，我的建议就是两个词：坚定与坚持。方向比努力重要,确定生本教育的方向,就要持之以恒,坚持不懈。

因为坚持,我们收获了前行的力量和信心

每年的新一年级家长会结束,很多家长激动地围着我,纷纷表达他们的感受,有的说听了我的报告,感觉自己也接受了一次深刻的教育。没有想到现在我们的教育观念那么先进;有的说以前只听说我们小学很不错,没想到有那么好,听了报告,感觉小学的孩子真了不起。其实,我的报告没什么特别,我只是把孩子们在生本教育阳光之下的学习状态呈现出来。其实,不要说家长,因为他们是第一次看到,当然会激动振奋,就连我自己在一遍遍回看我们学生自主有成就的学习表现时,也是一次次激动,一次次感慨!

回想当初刚做生本教育的时候,我们提出了要进行生本教育教学尝试,家长一下像炸开了锅,有些表示坚决支持,有些表示强烈反对,说不能把我们的孩子当作小白鼠实验。但是时间是最好的判官,我只是觉得理念影响世界。想想获得诺贝尔奖的香港中文大学校长高琨的光纤发明40多年后才被广泛了解和运用,是因为理念变了,行动才能变。而我们所做的不是随波逐流,也不是应景对付,而是来自当初对教育的直觉和敏锐,加上了一点点执着。

因为坚持,我们结识了许多有理想的教育人

从花城广州飞到黄土高坡上的兰州,时间不长,但是印象深刻。从兰州中川机场到市区的路上,放眼望去,一片苍黄,不由自主被这黄土高坡的粗犷辽阔震惊!那连绵不断的山岭上寸草未生,厚厚的黄土似乎是从坡上倾泻而下,担心来一阵狂风,那坡上的黄土就要"大风起兮云飞扬"了。朋友告诉我不用担心,现在的兰州在春天里发生的沙尘暴天气已经不多见了,因为市政府强有力的环境整治初见成效。更奇特的是路两旁闪过的都是一树一树的花,黄土坡下、田野上、村落旁,那是桃花、杏花、梨花,还有不知名的花,红的、粉的、白的。粉的那么娇羞,白的那么纯洁,在阳光下的照耀下,在漠漠黄土的衬托之下,是那么晶莹透亮,闪着动人的光彩。我在想,那春风一定是从南方吹向西北大地的吧!二月里我

享受 生命的神奇 和美好
生本教育的思考与实践

在广州已经遇见盛放的桃花、李花，四月我在兰州又正好赶上花开时节，怎能不惊讶呢！正如杜甫的诗："人间四月芳菲尽，山寺桃花始盛开。长恨春归无觅处，不知转入此中来"。

春到兰州，真美呀！那次，城关区教育局邀请郭思乐教授在"咫尺之地，敲击未来之窗"的大型生本教育促进会上做报告，我作为郭教授生本教育团队的一员，也在会上作经验分享，受到热烈的欢迎。大家希望先由13所中小学推行生本教育，进而由点带面，实现全区铺开，全面提升教育质量。在那里见到风度儒雅的王参事，是"文化兰州、黄河兰州"的提出者，早在2009年，在全国关工委林格先生举办的中国十大教育家系列讲座会上，他听了郭思乐教授和他的生本教育以及我们这些实验学校的报告后，表示要用平生之力推动生本在兰州开展。现在，他的夙愿实现了！生本教育以发展素养提升成绩的道路被越来越多的有识之士认同，这样的局面多么让人欣喜呀！

最遗憾的是我没能腾出时间去到黄河边上，参加桃花节盛会；没有时间来到花前柳下，陶醉花香扑鼻，甚至连一张照片都没来得及拍，但我在憧憬：春风无颜色，万物生光辉！

因为坚持，我们对教育有了更深刻的认识

记得我们因生本教育而有幸与粤北山区曲江第一小学结缘，得到了当地教育局余局长的大力支持。

余局长是一位朴实热情的人，他说的两校值得交流的两个理由让我印象深刻。

一是曲江有改革的传统，慧能大师就是这片土地的改革第一人。我们表示好奇，慧能是谁？就是那个说"菩提本无树，明镜亦非台，本来无一物，何处惹尘埃"的人。原来曲江第一小学附近就是已有1500多年历史的佛教圣地——南华寺，因为慧能法师曾经在此修行40年而闻名遐迩。过去的佛教要求经历三个艰苦的磨炼才能成佛，只有慧能提出了：人一悟道，就能立地成佛。把人的悟和人放在了第一位。

二是他说：生本教育就是这样的教育，寻找教育的本体，回归教育的本源，是为了人为了生命的教育，是一切从学生出发的教育。他建议曲江第一小学要派员来我们学校跟岗学习教育教学改革经验,我强烈感受到他们对教育改革的迫切心情。说起一位农民的孩子因为作业问题,天天被老师批评,弄得孩子不愿意回学校上学了,这位农民忍无可忍冲进校长室,对校长说:"作业不做就说我的孩子不行,这太不像话了,我的儿子是要'做种'的!"意思是子子孙孙的家族传承靠他这个儿子了,怎能在他还小的时候就说他不行呢?

我们听了大笑,觉得农民粗俗的话里有深刻的哲理:任何一位孩子都是我们的希望、我们的未来,教育怎能把孩子丢了!在曲江,对禅宗文化与教育的思考和联想,使我的教育认识更加深刻。

想起《达摩流浪者》中的经典语录:"我还年轻,我渴望上路。在路上,一个人将永远年轻,永远热泪盈眶。"我喜欢这种在路上的感觉。

附 录

龙口西小学校长陈武：
重构课堂，让世界成为孩子们的教科书

信息时报记者：余丽颖　摄影：朱元斌

"墙角数枝梅，凌寒独自开！"5月底一个星期三，天河区龙口西小学穗园校区一年级的一间教室里，传来奶声奶气的朗读声。教室后面坐着一排前来旁听的老师，校长陈武也在其中。

同学们在学习生字"墙"，令人惊讶的是，这些学生在课前独立找到的分享案例，大量地引用古诗词、熟语甚至是《三字经》《论语》，远超过人们印象中的一年级认知水平。接着，孩子们在老师的引导下完成了卡片认字游戏、好书分享。

而在半年多前，一些老师从没想过，原来语文的识字课还可以这么上。

这是陈武在龙口西小学推行生本课程再造的关键一步，也是她将近30年的教育生涯中的又一个起点。

陈武一直在践行着她推崇的教育理念。从艰难"开荒"到游刃有余，在将天河区一所不见经传的小学打造成培育教育奇迹的热门话题之后，她转身在广州市一所学生规模超过3000多人的小学"从零开始"，重构课堂。

陈武，出生于广东韶关，从小在广州长大。她是首批广州市天河区基础教育名校长，曾获广东省教育科学研究成果黄华奖一等奖、省教育管理

科学吴汉良奖一等奖，2016年新任广州市天河区龙口西小学校长。在这所规模庞大的小学里，陈武正准备重构课堂。

陈武在辅导孩子们

培育奇迹的"新星"校长

清晨，不到5点，陈武像往常一样早早起床，翻开了案头的书，晨读的习惯她已坚持许多年。而再过一会儿，赶在7:30之前，陈武就要到达龙口西小学，开始忙碌的一天。

这是一所庞大的学校，共分三个校区。不出意外的话，今年9月份到龙口西小学穗园校区报到的一年级新生将超过800人，组成19个新班级。在广州，这相当于一所普通小学的学生总人数。

从2016年调任龙口西小学校长开始，陈武努力将生本教育融入课堂。这是1999年由华南师范大学教授郭思乐提出的一种理念，主张教育应以学生为主人、以激发学生内在的生长力量为核心。陈校长对此进行了17年的教学实践研究。

实际上，正是这个令许多人觉得有些陌生的教学理论，在陈武迄今为止的教育生涯里书写了最浓墨重彩的几笔。在过去的十多年间，她在骏景小学推行生本教学，令这所名不见经传的学校，逐步蜕变为天河区小学教育梯队里的一颗新星。

2016年7月，广州市中考成绩出炉，以784分独占鳌头的是一个叫

享受 | 生命的神奇 | 和美好
生本教育的思考与实践

简玥的小姑娘。据统计，去年中考750分以上的考生仅占全市所有考生的0.6%，超过770分的学生更是"凤毛麟角"，而在这当中，还有她的3个小学同班同学。尽管来自不同的初中，他们却都是骏景小学2013届六年（4）班的毕业生。这个巧合令很多人感到意外，原本默默无闻的骏景小学一度成为家长们热切讨论的话题。

陈武说，这些孩子的出类拔萃早在意料之中。她还记得，那是一个号称"疯狂阅读班"的生本实验班，孩子一年平均要读两三百本书，在课上做《三国演义》研究报告、争辩汉字与祖国统一的关系，当小记者、小乐手，甚至有孩子在写自己的网络小说。

在中考状元简玥的印象中，她的小学生涯的确有些特别："课上没有枯燥的听讲，教材也跟别的班不同，还有很多有意思的小研究作业。"同学们喜欢读各种课外书，很自然地，只管一本接一本地看。如今，简玥在华南师范大学附属中学就读高一，尽管课业繁重，她也一直保持着阅读的习惯。

在某种意义上，陈武和骏景小学成就了彼此。但即便是在这块"福地"上，她尝试推行生本课堂的每一步，都走得不轻松。

陈武和学生们

附 录

推行非传统课堂的"开荒者"

　　2003 年陈武刚到骏景小学时,这所学校不过才开办一年时间。当她第一次向学校的老师和家长们提议要开设生本实验课程的时候,没有人知道它究竟是怎么一回事。在陈武的设定中,生本课堂没有传统的习题和考试,取而代之的是课前小研究。老师也讲得很少,更多的是引导、组织学生们在课堂上彼此交流见解,分享各自的思考。

　　当时很多人认为,这样的教学简直是"天方夜谭"。质疑声和反对声接踵而至,一些老教师激动地指责道:"这算什么课呀?老师上课都不教了,知识点没达标,学生肯定什么问题都出来了!"还有家长直接在半路拦住陈武,称"我的孩子不要生本教育,不想当你们的实验小白鼠"。

　　这些艰难的"开荒"点滴依旧历历在目。在她的坚持之下,骏景小学的生本课堂实践最终从两个低年级实验班开始起步。陈武回忆,实验班的变化出乎许多人意料,课堂非但没有"乱套",实验班上的孩子在探索、表达和创新等方面的成长优势也很快显露了出来。

　　但升学的焦虑始终笼罩在家长的心头,他们深知在应试体系下,分数才是最重要的竞争资本。"别人天天练考试,孩子能考得过吗?"大家都在观望。

　　等到骏景小学完全放开生本实验课程,是在 2010 年,第一届 6 年生本实验班的学生毕业升学之后,许多家长惊喜地见证了孩子如愿考上了心仪的学校。

　　而在陈武看来,好的教育质量并不只是指孩子的分数高,考上好中学、好大学也不是最终的价值归属,更重要的是个性得到张扬、潜能得到激发,在往后的生活中能充满勇气去开拓和创造。

　　一次,广州市一个教育培训机构的校长找到陈武,拿着一份学生成绩单告诉她:"你的学生很优秀,在几千人中选 50 名学生进入广州最顶尖的中学,你们学校就有 10 个。"陈武却拿出了学生们的作品集给他看。原来,每个生本实验班的学生都有独属于自己的文集,其中收录了他们平时做的研究报告,有读书笔记、论语讲坛作品、时事评论和其他小研究作业。这些作品集里,年幼的他们大谈政治、经济和人生,却独独没有其他孩子在苦刷的练习题。

她最后对那位校长说:"你们应该庆幸。要知道,这些孩子并不是每周几个小时的所谓'魔鬼训练'就能培养出来的。"

"不安分"的三尺讲台

陈武在骏景小学当了12年的校长,她所提倡的教育理念在这所学校烙下了深刻的印记。这也是她20多年教育生涯里的一段华章。

陈武说,当年自己是"一时兴起"考了师范,"稀里糊涂"成了个教育者。22岁时,她从广州师范学校中文大专毕业。据陈武回忆,她也是当时广州市第一批进入小学教书的大专师范生。

年轻的陈武并不"安分",刚毕业那会儿,身材高挑的她曾迷上时装表演,在T台走秀,一度上过电视。她说,是学生的信赖和纯粹让她决心认真做好教育。

刚毕业时,陈武(右)迷上了时装表演,还曾为企业杂志拍过广告

细数起来,陈武曾先后在怡园小学、华阳小学、华康小学、华成小学

短暂任教,"基本都是在学校刚开办的时候在那儿'开荒'"。30岁出头,她成长为一名年轻校长。

而在教育同行的眼中,陈武无疑是一个坚定的生本教育推动者。她说,生本最初打动她的,是那种"人人都是天纵之才"的图景。第一次接触生本是在2000年,陈武至今还记得当时的触动。那正是义务教育新课程改革初期,在天河区组织的一次教育研修班上,她一下子被郭思乐教授提出的"孩子是天生的学习者"论断吸引住了。

那会儿,陈武还是广州城郊一所小学的副校长,同时也是毕业班的语文老师。凭借在课堂上反复分析练习、考前抓题背范文,她的学生能拿下在整个天河区数一数二的好分数,可陈武却依旧苦恼:学生的能力其实还是不行。

后来,她去天河区华阳小学旁听了一节语文生本公开课。在这个最早一批推行生本教育实验的小学里,课堂正发生着显著的改变。那些孩子们一边玩游戏,一边学生字,个个兴趣盎然,小手高举抢着发言。下课后,他们还拿着明显"超纲"的书过来,将文段流畅地朗读给旁听的老师们听。

这不是陈武所熟悉的"乖乖"的课堂,她确信自己瞥见了理想课堂的模样。"如果我的毕业班在一年级的时候就突破识字、开始大量阅读,那等他们上了六年级,我还需要担忧他们出口不能成章、下笔不能成文吗?"陈武几乎能预见这些孩子春风野火般的成长势态。

实现"人人优秀"的愿景

陈武说,自己以前是个急性子,教学方法也是简单粗糙的,但这次分享学习带来的触动改变了她原来的教学风格。"随之而来的是对教育的重新认识,对人的重新思考。"陈武说,这也为她带来了约束,"这就要求你时刻保持一颗仁爱、慈悲、敬畏、担当之心,不要低估任何一个孩子。"

当时从研修班回去,她便迫不及待地踏出了第一步。尽管毫无经验可言,陈武却认为,自己最初的生本实践取得了显而易见的成功。"课堂沉浸在相互尊重和自信满满的氛围里,学生们都觉得自己很棒。"每个人都有好的发展,她觉得这是最难得的。

即使是在体量庞大的龙口西小学,实现"人人优秀"同样是陈武的愿景之一。

去年一次校园文艺表演上,龙口校区的一个小男生准备了相声节目,内容很精彩。但在全校排练表演时,大家发现这个孩子在台上有点结巴。有人提议不如把这个孩子换下来。陈武却坚持,一定不能换。"孩子们有瑕疵、不完美,有什么关系?"她说道,"可一旦给了这个孩子机会,让他超越自己,他就可能会变得非常优秀。"这个小男孩还是上了台。在正式表演前,他花了很长时间反复地练习,最终节目很成功。

陈武正费尽心思为学生们搭建更多元的展示平台。龙口西小学现在一共有80多个第二课堂,但她觉得这还不够。"如果一个孩子6年下来没有登过一次台,没有当众发过一次言,这样的童年会多么遗憾。"

在2016年龙口西小学的校园艺术节上,一、二年级30个班的孩子与家长依次登台诵读,有些班级更是"全员上阵"。艺术节的容量变大了,陈武希望这能让更多的孩子有机会享受舞台。

龙口西小学瑞安校区举行艺术节,在时装秀表演上,
陈武和学生们一起上台

同事眼中的她

"这位校长的'画风'有些不一样。每周一升旗的时候要组织学生上

台表演才艺，常常是让一二十个学生一起排演，也不全是才艺特别突出的孩子。她总是嘱咐我：'多点学生上台就对了，我们不去计较孩子到底要有多厉害。'"

——龙口西小学瑞安校区大队辅导员田结容

"她是一个很有激情的人，每到周四雷打不动参加语文生本课堂的专家研讨会，甚至还会亲自帮助年轻老师备课。一谈到生本教育，她仿佛有无穷无尽的能量。"

——龙口西小学副校长、语文教师张峰

让孩子生"根"的"种树人"

陈武喜欢将教育者比作"种树人"，她常觉得培育树苗和培养学生的道理是相似的。"一棵树向上的枝叶有多宽广，扎下大地的根系就有多深。"她认为，教育的关键正是让学生长出自己的"根系"，从而得到内在生长的力量。

龙口西小学如今开展的生本语文课程再造，陈武将推进大阅读确定为课程的核心。在这位有着20多年语文教学经验的校长看来，一年级先把"识字"解决，让学生尽快进入阅读世界，这才是有了"根"。

现在的穗园校区里，一二年级的孩子已开始独立阅读，每天放学回家至少读书半小时。校园组织课外活动时，还能看到一些"小豆丁"随身携着一本无注音的少儿版《三国演义》或别的书。一（4）班苑靖涵的妈妈这半年多来也留意到了女儿在阅读世界的蜕变，孩子会向家人解释为什么珠穆朗玛峰离太阳这么近却终年积雪；去石门风景区观光时，她还会随口吟出"举头红日近，回首白云低"的诗句。

"一进入阅读，孩子的视野、胸怀和思维就会发生完全的改变。"陈武对此十分笃定，"这种变化速度，有时连老师都赶不上。"

在大量阅读的基础上，学生们在课堂上论三国，对曹操怎么会变成一个"奸雄"、汉献帝是否真的昏庸无能等话题进行观点交锋；他们对汉字起源进行追溯，为了赢得班级辩论赛，有的孩子甚至翻开了大学生的推荐读物，让身为大学教授的爷爷吃了一惊。

此前被耶鲁大学以全额奖学金录取的骏景小学学生李思琳,后来对陈武说,这种课堂上的学习方式跟世界是无缝对接的。她在大学经常要上研讨课,基本也是通过读书、研究、分小组汇报的形式进行。

"通过博览群书、厚积薄发,才有可能培养学生的核心素养。"陈武认定。为此,她也一直在为推进大阅读奔走。今年,龙口西小学即将与广州少年儿童图书馆合作,为孩子们争取更多元的课外阅读资源。

陈武在课堂上授课

"教育应当与生活相结合"

陈武时常跟同行们分享学生们的研究作品集,即使在同一个班级,每一个孩子的研究作业都是不一样的,她乐于收藏那些闪光点。"这些小研究鼓励他们打开视野去看世界。"陈武认为这种发散的学习方式对学生的成长影响重大,"世界成了孩子们的教科书"。

陈武说,刚开始的时候,孩子写文章很长,但会出现很多错别字。这是因为他有很多话要说,但对许多字的掌握还不够熟练。"可是我们不担心,孩子们会自我修正的。"

虽然平日工作很忙,但陈武总能挤出一些时间写写随笔。有些是她的教研心得,更多的是生活的点滴记录,字里行间温润而细腻。她最近还在微信上开通个人公众号,定名为"谛听春天"。她写到了儿子的许多成长趣事。儿子如今在上初中,成绩算不上拔尖,可陈武从不为此担忧,她更在意孩子是否拥有独立的思想。开家庭会议时,尽管有时孩子的想法很稚嫩，她和丈夫总会耐心征询他的意见。

陈武很容易被孩子的童稚和纯真打动，也时常从中得到启发，不断观照自己的教育理念。儿子五六岁的时候对陀螺爱不释手，有一次她提醒儿子别砸疼了脚丫，儿子却认真地补充说："陀螺也会疼。"陈武后来写道："在孩子心中，自然中的所有都是有生命的。读懂孩子就像读懂自然一样，并不容易。真正的教育并不是去改造人，而是顺应真善美的天性，激发与生俱来的潜能。"

陈武看的书很杂，最近在读《丝绸之路》，并不局限于教育理论书籍，她觉得教育本就应当与生活相结合。陈武还常常觉得，孩子们成长得太快，自己需要不断吸收新的东西，才能追上他们的脚步，提前为他们搭建好更多元的平台。

"每一个不曾起舞的日子，都是对生命的辜负。"陈武将尼采的这句话放在了微信朋友圈的签名栏上。她笑着说，这也是她的生活铭言。

后记

2017年年初,我尝试将我近20年来在课程与教学改革上的思考与实践做了初步整理,并尝试申请天河区每年一次的课题立项。我的想法得到区教育局科研办主任容梅的大力支持,同意立项资助我出版这本专著。消息传来,我百感交集,感激涕零。因为在此之前的一年多时间,我被组织调动,离开了工作12年的小学,原本计划整理出一系列教学成果的想法泡汤了,10多年的心血也将付之东流,我深感遗憾又无可奈何。在这个时候,容梅主任给了我最大的鼓励和支持,鼓励我作为校长就应该有自己的办学思想和办学理想,不论工作如何变动,对过去的实践历程都值得好好梳理和整理。她还主动帮我联系了华南理工大学新闻与传播学院徐肖楠教授做我的指导老师,这让我非常感动。

徐肖楠教授是一位著名的文学评论家,在2017年获得广东"鲁迅文学奖",平时工作非常繁忙,没想到对我的请求总是有求必应,没有客套,无比认真,对我的稿件多次给予中肯的建议,对书稿的架构、编写的体例,甚至文章的题目都给我提出建设性的意见,使我的文字从日记式的随性杂乱,到现在有条理、有层次,这部是徐教授耐心指导的结果。徐教授是我见过的最为慈悲而仁爱的大家!我内心的感激之情无法用言语道尽。

感谢郭思乐教授和他的生本教育。从2000年有幸聆听郭教授的报告至今,我对生本教育的研究与实践一直没有停止过。他赠予我的一首诗至今鼓励着我进步:"来时匆否去不匆,未惊风雨旅(此)途中。十年催得花如海,万里寻知此是功。木树更新非旧叶,世情兴替见无穷。大江一望奔腾急,顽石前头总向东。"

这首诗的意思是:"匆匆"校长(匆匆是我的网络签名),你进入生本的时候,我们不知道你是不是匆匆而来,但你前进得步履稳健。你从事

后　记

10多年的生本教育，催开了鲜花如海，你到祖国各地宣讲和追寻，会发现这是功在千秋的事业！就像树木更新的时候，所有叶子都必须是新的，世界上的事情，也总是新旧交替，我们从中可以看到无限的前景。所以，我们的生本教育事业就像一望无际的大江，不怕顽石阻挡，汹涌奔腾，向东流去。

感谢李巧萍主任的指导鞭策，10多年来，是她为我打开了一扇窗，带我走向更加广阔的舞台。她一直鼓励我，给我信心，这本书的题目就是她给我的建议。

感谢我的同事，是他们的帮助和支持成就了我对教育的执着；我亲历了生本兴校的全过程，特别是在骏景小学的12年，生本教育实践从三位实验教师到全体教师参与，从语、数两个学科到所有学科，我参与了每一位老师、每一个学科的备课、听课和评课；从课堂教学到课程方法，从教师队伍到管理评价，从磕磕碰碰到高度一致，从灰心沮丧到激动人心，所有这一切都还历历在目，深刻难忘！

感谢我的先生杨玛太和儿子杨弋，是他们对我无微不至的关怀和照顾，使我在忙碌的工作中却享受着家庭的温暖和快乐。我的先生杨玛太是全国优秀教育工作者、南粤优秀校长，他一直是我学习的榜样，对教育的认识我们有高度的共鸣；儿子弋弋从小就加入我们对生本教育的讨论，我对教育的思考，很多来自儿子给我的启发。

感谢我已80岁高龄的父母亲陈石发和罗帮华，他们是那么乐观开朗，在艰苦的年代带领我们兄妹3人开荒种菜，使我认识了几乎所有常见的蔬菜瓜果，明白一分汗水一分收获；他们是那么善良平和，小时候对我们有严格的家教，要努力拥有"仁爱之心、慈悲之心、敬畏之心和担当之心"这"四心"，这些教导我一直铭记在心。

爱默生说："对道的跟从，应是没有着意的努力而自然流露出的善。"以此留下一段历程记录，一段人生思考。